FACULTÉ DE DROIT DE DIJON

THÈSE POUR LE DOCTORAT

SOUTENUE LE MARS 1869

PAR

Joseph PEIRONNEL, Avocat

SOUS LA PRÉSIDENCE DE

M. SERRIGNY, Doyen de la Faculté

DE

L'INALIÉNABILITÉ DE LA DOT

EN DROIT ROMAIN ET EN DROIT FRANÇAIS

Le Candidat répondra, en outre, aux questions qui lui seront adressées sur les autres matières de l'enseignement.

CLERMONT-FERRAND
TYPOGRAPHIE MONT-LOUIS, LIBRAIRE
RUE BARBANÇON
1869

FACULTÉ DE DROIT DE DIJON

THÈSE POUR LE DOCTORAT

SOUTENUE LE MARS 1869

PAR

Joseph PEIRONNEL, Avocat

SOUS LA PRÉSIDENCE DE

M. SERRIGNY, Doyen de la Faculté

DE

L'INALIÉNABILITÉ DE LA DOT

EN DROIT ROMAIN ET EN DROIT FRANÇAIS

Le Candidat répondra, en outre, aux questions qui lui seront adressées sur les autres matières de l'enseignement.

CLERMONT-FERRAND
TYPOGRAPHIE MONT-LOUIS, LIBRAIRE
RUE BARBANÇON
1869

A MON EXCELLENT PÈRE

A MA BONNE MÈRE

A MES PARENTS

A MES AMIS

DROIT ROMAIN

DU FONDS DOTAL

(D. L. 23. — T. 5.)

CHAPITRE PREMIER.

Notions sommaires sur la Dot.

Avant d'entrer dans les détails de notre matière, nous donnerons un léger aperçu sur la constitution de la dot, tant pour l'époque des jurisconsultes que pour celle de Justinien.

Du temps des jurisconsultes, la dot pouvait être constituée au moyen soit d'une *datio (mancipatio, in jure cessio* ou *traditio* selon les cas), soit d'une *promissio* en réponse à une stipulation, soit d'une *dictio*. A la différence de la *datio* et de la *promissio* qui pouvaient être faites par tout le monde, la *dictio*, contrat particulier, était permise seulement à la femme, ou à son ascendant paternel, ou au débiteur de la femme *jussu ejus*. La dot pouvait encore être constituée par acceptilation et par legs. Les textes ne parlent que du legs *per damnationem;* sans doute, il en était de même des autres. Quant au legs *per vindicationem*, il peut rentrer dans la *datio*.

La dot profectice, c'est-à-dire constituée par le père ou un ascendant paternel, faisait retour au constituant si la femme mourrait *in matrimonio;* la restitution en était garantie par l'action *rei uxoriæ*. Si le mariage se dissolvait autrement que par la mort de la femme, ce droit de retour n'existait pas.

Si la dot était adventice, c'est-à-dire constituée par la femme ou par un tiers autre que le père ou l'ascendant paternel, il y avait ou il n'y avait pas lieu à restitution, selon les cas. Supposons la dot constituée par la femme. Si le mariage se dissout par la mort du mari ou par le divorce, restitution doit être faite à la femme, ou, si la femme est morte après avoir mis en demeure les débiteurs de la dot, à ses héritiers. Si, au contraire, il n'y a pas eu cette mise en demeure avant la mort de la femme, ou bien si le mariage s'est dissout *morte mulieris*, le mari gagne la dot. Pour qu'il en soit ainsi, il faut qu'il n'y ait pas eu stipulation que la dot sera restituée, car si cette stipulation a été faite, l'action *ex stipulatu* est acquise à la femme, ou de plein droit à ses héritiers, de quelque manière que le mariage se dissolve. Supposons que la dot adventice ne soit pas constituée par la femme, le tiers constituant pouvait stipuler la restitution de la dot sous condition. La dot était dite alors réceptice. En l'absence de cette stipulation, ou la condition du retour ne se réalisant pas, le tiers n'avait rien à prétendre.

Sous Justinien, la *mancipatio* et l'*in jure cessio* ont disparu. Toute chose est *non mancipi*. Reste donc seulement, quant à la constitution de dot, la tradition sous toutes ses formes, plus le legs qui, sous Justinien, produit en règle générale l'effet de l'ancien legs *per vindicationem*, c'est-à-dire constitue une *datio* toutes les fois que la nature des choses ne s'y oppose pas. La *dictio* a disparu aussi, et s'est confondue avec la *promissio dotis*. La dot continue de pouvoir être constituée par acceptilation, et par legs dans tous les cas, c'est-à-dire lors même que le legs ne peut opérer translation immédiate de propriété.

La règle, quant à la restitution de la dot profectice, et de la dot adventice-réceptice reste la même. Mais, quant à la dot purement adventice, le mari ne la gagne plus, lors même que la femme mourrait *in matrimonio*. Justinien suppose toujours une stipulation tacite de restitution au profit de la femme, et transporte à l'action *rei uxoriæ* les avantages de l'action *ex stipulatu*; de sorte que les héritiers de la femme ont, sauf certains tempéraments empruntés à l'action *rei uxoriæ*, la position qu'ils auraient eue sous le précédent régime au cas où la femme aurait stipulé sa dot.

DROIT ANCIEN.

Notions sur la Loi Julia.

—

SECTION I.

La condition du fonds dotal changea souvent en droit Romain.

A l'origine, la propriété du mari sur le fonds dotal était si complètement pleine et entière qu'il ne faisait aucune restitution à la dissolution du mariage. Comme première restriction à ce principe nous trouvons l'introduction du *privilegium inter personales actiones* qui donna à la femme un droit de préférence sur tous les créanciers du mari. Plus tard, en 737 de la fondation de Rome, fut votée la loi *Julia de adulteriis* qui établit une protection nouvelle pour la femme, l'inaliénabilité dotale. Cette inaliénabilité n'avait trait qu'à l'immeuble dotal à la différence du *privilegium inter personales actiones* qui était pour la dot entière.

Cette loi *Julia de adulteriis* fut rendue sous Auguste. Il ne faut pas la confondre avec une autre loi *Julia de maritandis ordinibus*. Elle se rattache à un système de législation qui a pour but de favoriser le mariage, et surtout les secondes noces, et par là d'amener l'accroissement de la population décimée par les guerres. Nous n'avons pas le texte complet de la loi Julia. Plusieurs essais ont été tentés pour la reconstituer; ils ont tous abouti à des résultats imparfaits.

Il paraît surprenant que l'adultère et l'inaliénabilité dotale fassent l'objet d'une même loi. Plusieurs explications de ce rapprochement ont été données; nous préférons à toutes les autres celle qui a été fournie par M. Demangeat. La voici : la loi Julia a pour but d'encourager le mariage ; ce résultat sera atteint pour l'homme si l'adultère de la femme est sévèrement puni. Le mari trouve dans les peines prononcées par la loi Julia une garantie que la femme ne sera pas adultère, et la femme trouve dans cette même loi une garantie que sa dot ne sera pas perdue. L'homme et la femme sont ainsi encouragés au mariage.

SECTION II.

QUELS BIENS DOTAUX LA LOI JULIA FRAPPE-T-ELLE D'INALIÉNABILITÉ?

L'inaliénabilité introduite par la loi Julia s'applique aux immeubles seulement. L'intitulé des titres du Digeste et du Code nous le prouvent, car les titres qui traitent de l'inaliénabilité dotale ont dans ces deux recueils la même rubrique : *de fundo dotali*. La loi de Papinien 61 *soluto matrimonio* au Digeste nous montre qu'en principe le mari peut affranchir l'esclave dotal malgré la femme; et si le mari a le droit d'affranchir l'esclave dotal c'est qu'il a sur lui un droit absolu, il peut l'aliéner. Les esclaves dotaux étant les meubles les plus importants, il est raisonnable d'en induire que le mari avait la libre disposition de tous les meubles. Enfin, dans la loi unique § 15 au Code *de rei uxoriæ actione*, Justinien nous apprend que le mari peut disposer de la dot mobilière. Justinien avait établi au profit de la femme une hypothèque tacite sur les biens du mari et notamment sur les biens dotaux qui étaient devenus la propriété du mari. Il décide que la femme ne peut renoncer à son hypothèque tacite qu'autant qu'elle porte sur les biens personnels du mari ou sur les meubles dotaux, mais elle ne pourra pas renoncer à son hypothèque tacite en tant qu'elle porte sur le fonds dotal. Nous savons que la femme avait en droit Romain une hypothèque tacite sur les biens dotaux, parce que la propriété de la dot était transférée au mari. Mais pour que cette hypothèque tacite frappe l'immeuble dotal, il faut admettre qu'il a été apporté en dot sans estimation, car en vertu du principe que les Romains appliquaient sauf stipulation contraire tant aux immeubles qu'aux meubles, *æstimatio facit venditionem*, ce qui est dotal en cas d'estimation ce n'est pas l'immeuble, mais la somme d'argent à laquelle l'immeuble a été estimé.

Quelle peut donc être l'utilité de l'estimation de l'immeuble dotal lorsqu'il est stipulé que cette estimation ne vaut pas vente?

Cette estimation avait l'avantage de présenter une indemnité réglée d'avance au cas où cet immeuble viendrait à périr par suite d'une faute imputable au mari.

On pourrait peut-être trouver une seconde utilité de cette estimation par rapport à la responsabilité du mari. Ulpien dans la loi 52 § 3 *pro socio* au Digeste décide que l'associé auquel a été confié un *pecus æstimatum, custodiam præstare debet* et devient responsable par suite de cette estimation de son enlèvement *furibus*. C'est conclure qu'entre associés, l'estimation d'un objet rend le détenteur responsable de sa faute *in abstracto* et non plus *in concreto*. Nous appliquerons par analogie cette décision à la dot.

SECTION III.

A QUELLES ALIÉNATIONS S'APPLIQUE LA LOI JULIA.

Les aliénations volontaires tombent seules sous l'application de la loi Julia ; lorsqu'il s'agit d'aliénations forcées on reste dans le droit commun.

L'inaliénabilité établie par la loi Julia peut cesser par exemple dans le cas de l'action *damni infecti*. Nous trouvons à ce sujet un texte de Paul au Digeste *de fundo dotali* loi 1. Voici l'hypothèse que suppose ce texte : un voisin a été envoyé en possession d'un immeuble dotal parce que le mari n'a pas voulu donner la caution *damni infecti*. Les choses se passaient ainsi. En principe, lorsqu'une chose avait causé dommage à autrui, le propriétaire de cette chose était quitte en l'abandonnant ; mais il se pouvait que les matériaux d'une maison par exemple fussent une compensation insuffisante des dégâts que pouvait en avoir causé la ruine. Dans cette prévision, le voisin amenait devant le magistrat le propriétaire, qui devait s'engager par stipulation à réparer le dommage possible. Si le propriétaire s'engage, c'est-à-dire donne la caution *damni infecti*, il n'y a pas à parler de l'envoi en possession. Si, au contraire, il est récalcitrant, le préteur donne d'une autre façon au voisin la garantie qu'il lui refuse. Il envoie le voisin en possession de la chose qui menace de causer du dommage ; le propriétaire est encore à temps de fournir la caution. Mais s'il persévère dans son refus, intervient un second décret qui met, autant que peut le faire le droit prétorien, le possesseur aux lieu et place du *contumax*, c'est-à-dire qui lui donne le domaine utile, l'*in bonis* de la chose, et fait naître à son profit la *justa causa usucapiendi*, de sorte qu'il puisse acquérir le *dominium ex jure quiritium*. Mais, en fait, cette usucapion n'est que nominale, simulacre de respect pour le *jus civile*, car tandis que dans les autres matières, la revendication est toujours possible contre le prescrivant, ici, au contraire, le voisin n'a pas plus à craindre que s'il avait vraiment le *dominium*, puisqu'il peut y arriver malgré le *dominus*, celui-ci offrît-il plus tard la *cautio damni infecti* (D. L. 15 § 33 *de damno infecto*). Justinien ayant aboli la distinction qui existait entre l'*in bonis* et le *dominium ex jure quiritium*, la propriété complète devint une conséquence directe de l'envoi en possession, et le voisin n'eut plus besoin de l'usucapion ni de la *prescriptio longi temporis.*

Nous avons posé en principe que l'aliénation du fonds dotal n'était permise au mari que lorsqu'elle n'était pas volontaire : peut-être objectera-t-on que le refus du mari de donner la *cautio damni infecti* est bien un acte volontaire de sa part. Nous répondrons que la volonté du mari n'a point porté directement sur l'aliénation, que le mari n'a pas voulu aliéner, mais éviter de donner la caution.

L'aliénation peut aussi avoir lieu à la suite de l'action *communi dividundo*, lorsque le mari est défendeur, il n'aurait pas le droit de provoquer le partage (C. L. 2 *de fundo dotali*).

L'aliénation est encore permise par suite de l'action (*familiæ erciscundæ*).

Si le mari acquiert un fonds sur lequel est imposée une servitude au profit d'un immeuble dotal, il y a confusion. S'il revend ce fonds à l'ancien propriétaire la servitude ne renaîtra pas, mais si le mari n'est pas solvable, il sera donné à la femme une action utile contre le propriétaire *ad restaurandam servitutem.* (Digeste, *de fundo dotali* L. 7).

Dans l'hypothèse où le mari recevrait en dot un fonds qui jouirait d'une servitude sur un de ses immeubles, cette servitude s'éteindrait pendant le mariage, mais à la restitution de la dot le fonds dotal reviendrait à la femme ou à son héritier *redintegratâ servitute ;* même loi.

Il est un autre cas d'aliénation permise reconnu par les uns et nié par les autres : lorsque le mari revendique l'immeuble dotal possédé par un tiers, si le tiers refuse de restituer, la condamnation frappant le *contumax* ne pourra être que de l'estimation fixée sous serment par le demandeur. Il y a donc aliénation indépendante de la volonté du mari.

On conteste ce système en s'appuyant sur la loi 68 au Digeste *de rei vind.* ainsi conçue : « Qui restituere jussus, » judici non paret, contendens non posse restituere, si » quidem habeat rem, manu militari, officio judicis, ab eo » possessio transfertur, et fructuum duntaxat omnisque » causæ nomine condemnatio fit. » Donc, dit-on, le mari pouvait se faire restituer la chose *manu militari*, et il ne pouvait pas y avoir aliénation puisqu'elle n'était pas forcée. Mais c'est trouver dans ce texte plus qu'il n'y a. En effet, il accorde la *manus militaris* pour le cas seulement où le tiers invoque l'impossibilité de restituer « *contendens non posse restituere* » impossibilité qui est démentie lorsque l'on reconnaît que c'est bien lui qui possède. Mais tous les autres cas pour lesquels il n'est point dérogé au principe général, doivent demeurer sous l'empire de ce principe, c'est-à-dire que le tiers sera libre de garder la chose en encourant une condamnation pécuniaire. Cela est, du reste, conforme à ce que décide au sujet des biens d'un pupille, possédés par un tiers, la loi 5 § 2 *de rebus eorum* au Digeste. Evidemment, si on avait admis du temps d'Ulpien en règle générale qu'une chose revendiquée peut être recouvrée *manu militari,* on n'aurait pas maintenu contre les pupilles l'ancien principe aboli en faveur de tout autre revendiquant et on n'aurait pas continué d'obliger le tuteur à recevoir la *litis estimatio.* Si l'on applique *cette règle* à propos de la revendication des biens d'un pupille, à plus forte raison l'appliquera-t-on en tout autre cas.

Lorsque les biens du mari sont transférés *per universitatem*, le fonds dotal se trouve aussi transmis, mais il ne change pas de condition et conserve son caractère d'inaliénabilité. (D. *de fundo dotali* L. 1.)

Bien des choses qui ne peuvent être acquises à titre particulier, peuvent l'être cependant à titre universel (D. *de adq. rerum dom.* L. 62.) Le bien dotal peut passer à l'héritier soit légitime, soit testamentaire du mari. Il passera aussi au simple *bonorum possessor*, mais seulement dans la limite de l'*in bonis*.

Si le mari est réduit en servitude comme ingrat envers son patron, le bien dotal comme ses autres biens sera acquis au maître.

De même lorsque les biens du mari passent au fisc.

Lorsque le mari se donnait en abrogation « onera ejus » qui in adoptionem datus est ad patrem adoptivum » transferuntur. » (D. L. 41 *de adopt.*) Sous Justinien, le fils conserve la propriété du bien dotal, sur lequel le père n'acquiert que l'usufruit. (Ins. L. 2, t. 9, § 1.)

Il en est de même lorsque le mari entre en société de tous biens, car dans ce cas : « quæ coeuntium sunt con- » tinuò communicantur. » (D. *pro socio* L. 1 et L. 2.) Mais toujours le bien ne devient commun que *cum suo jure* : le bien suit les charges du mariage et les charges du mariage suivent le bien. La restitution, quand vient le moment, est faite par la société, comme elle eût été faite par le mari, c'est-à-dire d'après les règles ordinaires.

L'immeuble n'était plus inaliénable lorsque le mari subissait la *venditio bonorum*, car la femme ayant déjà reçu le montant de sa dot, ayant déjà été désintéressée, ne pouvait plus avoir d'action (D. *de fundo dotali* L. 3.) Sous Justinien, la femme conserve la revendication contre les créanciers du mari.

Ce n'est pas seulement quant à l'aliénation qu'il faut considérer s'il y a eu volonté ou nécessité, c'est aussi quant à l'hypothèque.

SECTION IV.

EFFET DES DETTES DU MARI ET DE LA FEMME EN CE QUI TOUCHE L'INALIÉNABILITÉ DU FONDS DOTAL.

Occupons-nous d'abord des dettes du mari.

Le mari ayant contracté des dettes qu'il ne peut pas payer, ses créanciers se font envoyer en possession de ses biens et procèdent à la *venditio bonorum*. Le fonds dotal sera-t-il compris dans cette *venditio bonorum*? Il faut admettre l'affirmative. Le *bonorum emptor* succède au patrimoine tout entier du mari, et par conséquent le fonds dotal entrera dans cette transmission.

Seulement la vente des biens du mari démontrant son insolvabilité, il en résulte qu'immédiatement la femme a le droit de réclamer sa dot comme s'il y avait eu divorce. La femme pourra donc figurer au nombre des créanciers du mari qui font procéder à la *venditio bonorum* pour toucher sa part dans le prix (D. *soluto matrim.* L. 24).

La femme aura un privilége *inter personales actiones*, c'est-à-dire qu'elle primera les créanciers chirographaires du mari pour arriver au recouvrement de sa dot (D. *sol. matr.* L. 22).

La loi 12 au Code *qui potiores*, qui a donné à la femme une hypothèque privilégiée pour le recouvrement de sa dot, mentionne comme existant dans l'ancien droit au profit de la femme le privilége *inter personales actiones*.

Le fonds dotal passera dans les mains de *l'emptor bonorum*, mais il passera *sine onere*, c'est-à-dire qu'il sera aliénable entre ses mains, car la femme a dû toucher le montant de sa dot, ou tout au moins un dividende dont elle doit se contenter.

Il y a un cas unique où la femme est traitée plus rigoureusement. Mais avant d'étudier ce cas, il faut savoir que vers l'époque de Septime-Sévère et d'Antonin Caracalla, il était admis que le fisc avait une hypothèque tacite sur les biens de tous ses débiteurs : *fiscus semper habet jus pignoris*, dit Hermogénien (D. *de jure fisci* L. 46, § 3). Le cas dont nous voulons parler est celui où le mari était *primipulus*. On appelait ainsi la personne qui percevait et emmagasinait l'approvisionnement d'une armée. Si le mari *primipulus* reste reliquataire envers le fisc, les biens dotaux, meubles ou immeubles, répondent du reliquat du mari, mais n'en répondent que subsidiairement, ce qui veut dire que le fisc tâchait de se faire payer d'abord sur les biens personnels du mari, ensuite sur ceux des *nominatores*, c'est-à-dire de ceux qui avaient proposé la nomination du *primipulus*, et qui par là même s'étaient rendus garants de sa gestion. Et enfin si ces deux classes de biens étaient insuffisantes on avait recours aux biens dotaux (C. *in quibus causis pig.* L. 4 et *de primipulo* L. 3).

Dans ces cas de déconfiture du mari, la femme ne peut pas venir, antérieurement à Justinien, par voie de distraction, revendiquer ses biens dotaux pour les soustraire aux créanciers.

Dans le droit de Justinien, aux termes d'une constitution qui forme la loi 30 au Code *de jure dotium*, la femme soit au cas de dissolution du mariage, soit au cas de déconfiture du mari, peut exercer une revendication des biens dotaux, pourvu qu'ils soient entre les mains du mari, et qu'ils n'aient pas été valablement aliénés par lui.

Recherchons si les dettes de la femme peuvent avoir quelque effet relativement à l'inaliénabilité du fonds dotal

Supposons que la femme s'est constitué en dot des biens, soit mobiliers, soit immobiliers, en fraude de ses créanciers. Si le mari a été *conscius fraudis*, les créanciers peuvent faire rescinder la constitution au moyen de l'action Paulienne, et dès lors poursuivre la femme sur ses biens.

Si le bien apporté en dot était déjà grevé d'hypothèque du chef du constituant, par exemple de la femme qui s'est elle-même constitué ce bien en dot, il est évident que le caractère de dotalité donné au bien constitué en dot ne peut pas enlever au créancier hypothécaire le droit d'intenter l'action quasi-servienne contre le mari, comme il le pourrait contre tout autre tiers-détenteur (D. *qui potiores* L. 19).

Lorsqu'une femme qui a des dettes donne en dot à son mari tous ses biens, quoique la constitution soit universelle, cependant le mari n'est pas traité comme héritier ; il n'est pas tenu envers les créanciers de la femme. Mais la femme a le droit de répéter contre le mari de quoi payer ses dettes. Elle intentera contre le mari une *condictio* pour qu'il lui fournisse de quoi faire face à ses dettes.

En dehors des trois cas que nous venons d'étudier, une fois la dot valablement restituée à la femme, les créanciers de la femme peuvent-ils exercer quelque prétention sur ces biens restitués? On décide en droit français que les obligations qu'une femme dotale aurait contractées valablement, dûment autorisée, pendant le mariage, ne pourraient être exécutées sur les biens dotaux inaliénables, même après qu'ils auraient été restitués. Il n'y a rien de semblable en droit Romain. Dès que la dot a été valablement restituée à la femme, les créanciers peuvent poursuivre les biens qui la composaient, sans qu'il y ait à distinguer si ce sont des créanciers antérieurs au mariage ou des créanciers dont les droits ont pris naissance pendant le mariage ou même après la dissolution du mariage.

La femme pourra vendre l'immeuble qui lui aura été constitué en dot pour payer les dettes du constituant dont elle sera devenue l'héritière s'il paraît plus avantageux pour elle d'aliéner l'immeuble dotal que tout autre faisant partie de la succession (D. *de jure dot.* L. 85).

Si le mari lui-même se trouve être le créancier de la femme, il faut certainement admettre que le mari étant tenu de l'action *rei uxoriæ* pourra opposer une compensation à la femme qui est sa débitrice. Ce résultat est incontestable tout au moins depuis la constitution de Marc-Aurèle qui admet la compensation lors même que les deux dettes ne procèdent pas *ex eadem causa.*

Le mari qui a fait des dépenses sur les biens dotaux a un droit de rétention lorsqu'il est poursuivi par l'action *rei uxoriæ*. Il ne peut avoir d'action contre la femme *propter impensas* parce que les choses dotales lui appartenaient lorsqu'il a fait ces dépenses.

SECTION V.

QUELLES CONSÉQUENCES DOIT-ON TIRER DU PRINCIPE DE L'INALIÉNABILITÉ ?

L'aliénation faite par le mari sans le consentement de la femme est nulle. Telle est la sanction du principe d'inaliénabilité.

Papinien, au Digeste, dans la loi 42 *de usurpationibus,* et dans la loi 77 *de leg.*, nous apprend que lorsque le mari vend le fonds dotal sans le consentement de la femme, le contrat de vente est lui-même frappé de nullité, parce que la chose n'était pas susceptible d'être vendue.

Cependant nous voyons dans les textes que le mari est propriétaire de la dot. Ainsi d'après la loi 1 au Dig. *de fundo dotali*, c'est le mari qui doit la *cautio damni infecti*, et le voisin *jussus possidere* acquiert avec l'usucapion le domaine plein. Le mari avait donc ce domaine puisque : « *decernendum est ut vicinus eodem jure sit quo* « *foret is qui non caverat* » (L. 15 *de dam. inf.* § 26 D). D'après la loi 7 *de fundo dotali*, si le fonds de la femme avait droit à une servitude sur celui du mari, *servitus confunditur*. Or, si la femme avait la moindre copropriété du fonds, cela n'aurait pas lieu, puisque *servitus per partes retinetur*.

La dot appartient, il est vrai, au mari, mais elle n'en est pas moins la dot de la femme : *quamvis in bonis mariti dos sit, tamen mulieris est*. La femme n'a pas un droit réel sur la dot, mais elle a bien positivement un droit personnel contre le mari à l'occasion de la dot.

Ainsi la vente faite par le mari sans le consentement de la femme est nulle. De ce que la vente elle-même est nulle, il résulte :

1° Que, durant le mariage, le mari pourra lui-même revendiquer contre le tiers-acquéreur qui ne sera pas fondé à lui objecter sa qualité de vendeur. En effet, la loi 17 au Dig. *de fundo dot.* dispose que si la femme est morte *in matrimonio*, et si le mari a par là gagné toute la dot, le fonds ne peut plus être enlevé à l'acheteur : par conséquent, en dehors de ce cas, le mari pourra évincer l'acheteur;

2° Qu'il ne pourra pas être question des obligations que la vente fait naître entre les parties ; ainsi, lors même que l'acheteur aurait été de bonne foi, il ne pourra pas invoquer l'action *empti* pour demander des dommages-intérêts au mari qui l'évince.

Si le tiers-acquéreur ainsi évincé par le mari avait déjà payé le prix, il pourra intenter la *condictio indebiti*, car il a payé sans cause (D. *de cond. indeb.* L. 37). Mais il n'aura pas d'action contre le mari, c'était au tiers-acquéreur à bien s'informer de la condition du fonds.

Supposons que le mariage se dissolve sans que le mari ait revendiqué le fonds dotal contre le tiers-acquéreur, il se dissout par le divorce ou le prédécès du mari, quel sera le droit de la femme? Du temps des jurisconsultes, si le fonds dotal était encore entre les mains du mari, la femme n'avait qu'une action personnelle pour réclamer son immeuble, l'action *rei uxoriæ*. Cette action était munie d'un *privilegium inter personales actiones*.

Aura-t-elle une action contre le tiers-acquéreur dans le cas où son mari a aliéné son immeuble sans son consentement? Il faut bien lui accorder une action pour ne pas laisser évanouir la protection de la loi Julia.

Quelle sera donc cette action? Il paraît difficile d'admettre que la femme ait eu l'action en revendication contre le tiers-acquéreur, car la propriété de l'immeuble dotal a été transférée au mari, et elle n'a pas été retransférée à la femme, celle-ci n'est donc pas propriétaire et ne peut donc pas revendiquer.

En présence du silence des textes sur ce point, voici ce que nous pensons. Le mari aurait pu revendiquer malgré l'aliénation. Le mariage étant dissout, nous croyons que la femme qui n'a pas l'action en revendication puisqu'elle appartient au mari, peut cependant par l'action *rei uxoriæ* obtenir qu'il lui transfère celle qu'il a contre l'acquéreur. Si le mari possédait l'immeuble, il serait obligé d'en retransférer la propriété à la femme; ne l'ayant pas, il doit être obligé de lui transférer ce qui le remplace, l'action en revendication.

Le mari étant obligé par l'action *rei uxoriæ* de céder son action en revendication contre le tiers, on a dû tenir la cession comme déjà accomplie malgré le refus du mari; car lorsque j'ai le droit de me faire céder une action, je puis me passer de cette cession si on ne veut pas me la faire. La femme avait donc une action utile en revendication contre le tiers-acquéreur.

L'aliénation du fonds dotal nulle *ab initio* peut être validée par une ratification postérieure faite par la femme. La femme qui au moment de l'accomplissement de l'acte d'aliénation pouvait valider cet acte en donnant son consentement, peut à plus forte raison valider cet acte à une époque postérieure lorsqu'elle en connait mieux les conséquences.

Si la femme meurt *in matrimonio* et que le mari gagne la dot, les aliénations que le mari a pu faire et qui étaient primitivement nulles sont rétroactivement validées.

Nous savons que lorsque la femme meurt *in matrimonio*, le père reprend la dot profectice. Le mari sera tenu de l'action *rei uxoriæ* vis-à-vis du père, mais celui-ci en réclamant la dot pourra-t-il invoquer la loi Julia contre le tiers-acquéreur? On pourrait croire qu'il a ce droit en raisonnant par *à contrario* de la loi 17 au Dig. *de fundo dot.*, qui dit que l'acquéreur ne peut pas être évincé si la dot doit être acquise au mari.

Nous pensons au contraire que l'acheteur ne pourra pas être inquiété par l'ascendant. En effet, le mari pouvait aliéner puisqu'il était propriétaire du fonds dotal. Il est bien vrai que l'aliénation est déclarée nulle, mais cette nullité est uniquement dans l'intérêt de la femme; la femme étant morte, son intérêt n'est plus en jeu et l'aliénation doit être maintenue. En faveur de notre opinion nous trouvons un argument dans la loi 3 de *fundo dotali* au Dig. qui dit que l'inaliénabilité existe lorsque c'est la femme qui a l'action *de dote*. N'est-ce pas dire clairement qu'en tout autre cas elle n'existe pas? La loi 13 du même titre nous apprend bien que l'héritier de la femme est protégé comme la femme elle-même, pourvu qu'il y ait eu, du vivant de la femme, mise en demeure du mari ou de ses héritiers, et en outre que l'aliénation soit antérieure au décès de la femme; mais ici le père n'est point considéré comme héritier de sa fille.

Dans la loi 4 *de fundo dot.* au Dig. nous trouvons une exception au principe que l'aliénation ne pourra pas être critiquée lorsque l'action *rei uxoriæ* n'aura pas pu naître pour la femme. Cette loi étend au fiancé l'application de la loi Julia, bien que, assurément, la femme ne puisse agir par l'action de dot dans le cas où le mariage arrêté n'aura pas eu lieu.

Occupons-nous des droits que peuvent avoir les héritiers de la femme. Nous avons vu que d'après la loi 13 *de fundo dot.* l'héritier de la femme jouit du même bénéfice que la femme elle-même. L'héritier de la femme pourra donc invoquer la loi Julia, l'inaliénabilité du fonds dotal, comme la femme elle-même, quand la dot devra lui être restituée.

Pour appliquer cette décision, il faut supposer que la femme avait stipulé la restitution au moment de la constitution de la dot. Alors l'héritier de la femme succédant au droit résultant de la stipulation pourra se faire rendre la dot.

Nous pouvons encore supposer, pour l'application de notre texte, que la femme n'avait pas fait de stipulation lors de la constitution de la dot, mais que le mariage se dissout par le divorce ou par la mort du mari. L'action *rei uxoriæ* a pris alors naissance dans la personne de la femme, et si la femme meurt avant d'avoir exercé cette action, elle sera transmise à son héritier, pourvu que le mari ou son héritier ait déjà été mis en demeure du vivant de la femme.

Le *privilegium inter personales actiones,* que la femme avait avant Justinien, était personnel à la femme et ne passait pas à son héritier. En effet, le privilége qui garantissait l'action *tutelæ directa* que le pupille avait contre son tuteur, ne passait pas à l'héritier du pupille, et comme le privilége du pupille était sur la même ligne que le privilége de la femme, il s'en suit que l'héritier de la femme, lorsqu'il succédait à l'action en restitution de la dot, ne succédait pas au *privilegium inter personales actiones* appartenant à la femme seule.

La loi 1 au code *de priv. dotis* nous dit encore que le *privilegium dotis* que les femmes exerçaient lorsqu'elles réclamaient leur dot ne passait point à leurs héritiers.

Ainsi donc le privilége de la femme comme celui du pupille *personæ datur.*

Cela nous montre qu'il ne faut pas prendre dans un sens absolu la loi 13 § 3 de *fundo dotali* D.

En définitive, la restreignant à sa véritable portée, nous dirons que c'est seulement quand la femme a stipulé la restitution de sa dot, ou, à défaut de cette stipulation, lorsque l'aliénation est antérieure à la mort de la femme, laquelle mort est arrivée après l'action intentée ou au moins après la mise en demeure, nous dirons que c'est alors seulement que l'héritier pourra poursuivre la restitution de l'immeuble. Ce que nous venons de dire de la mise en demeure n'est plus vrai sous Justinien, puisque l'action *rei uxoriæ* a les avantages de l'action *ex stipulatu* (C. *de rei uxor. act.* L. 1 § 4).

SECTION VI

DÉFENSE D'HYPOTHÉQUER LE FONDS DOTAL.

L'hypothèque du fonds dotal avait été défendue même avec le consentement de la femme.

De quelle disposition législative vient cette prohibition d'hypothéquer le fonds dotal? Si nous en croyons Justinien *quibus alienare licet vel non* Inst. L. II, et Gaius (*de fundo dotali* L. 4), ce serait la loi Julia qui aurait introduit cette prohibition.

Ces assertions nous paraissent controuvées. En effet, nous allons appeler de Gaius à Gaius lui-même en discutant l'authenticité du texte qu'on nous oppose. Il est bien vrai que la loi 4 porte *obligare aut alienare*, mais le § 63 du comm. 2 de Gaius ne parle que de la défense d'aliéner, il y a donc contradiction entre ces deux textes. Or la loi 4 ne nous est arrivée que par l'intermédiaire des compilateurs, on a donc le droit d'en soupçonner l'altération. Il n'y aurait du reste là rien d'étonnant, car on voit ce même § 63 hardiment défiguré par ceux qui le transportent dans les instituts où on écrit, après avoir d'abord littéralement copié Gaius : « *lex Julia... in soli tantum* » *modo rebus locum habebat quæ italicæ fuerant;* tandis que le § 63 s'exprime ainsi : « *quod quidem jus utrum ad* » *italicæ tantum predia an etiam ad provincialia perti-* » *neat dubitatur.* »

En outre, Paul dans ses Sentences (L. 2, titre 21, § 2),

parlant de la loi Julia, s'exprime ainsi : *lege Julia de » adulteriis cavetur, ne dotali prædium maritus invita » uxore alienet.* » Ce texte ne parle que de l'aliénation. Et en effet, du temps d'Auguste l'hypothèque n'était pas admise en Italie, le *pignus* lui-même ne l'était pas, car à l'époque de Gaius qui vivait sous Marc-Aurèle, et à l'époque de Paul qui est même moins ancienne, le gage était encore à son état primitif et s'établissait par l'*alienatio contracta fiducia* (G. comm. II, § 59, et Paul, Sent. livre II, titre 13).

Cependant il pourrait paraître extraordinaire de soutenir que sous Justinien on connaissait déjà si peu la loi Julia. Aussi ne disons-nous pas que cela fût ainsi, et pensons-nous que les diverses assertions du Code, du Digeste et des Instituts, la part de la négligence des rédacteurs étant faite, peuvent se concilier avec une connaissance même complète de cette loi.

Voici l'explication que nous proposons. La loi Julia défendait *d'aliéner* le fonds dotal *invita muliere;* or, lorsqu'un débiteur voulait donner une chose en gage, il *l'aliénait* avec la clause qu'on lui en retransférerait la propriété lorsqu'il aurait payé sa dette (*contracta fiducia*). Ainsi, la loi Julia qui prohibait l'aliénation, prohibait par là-même le gage, puisque le gage ne pouvait se constituer qu'au moyen d'une aliénation. Quand le *pignus* et l'hypothèque vinrent supplanter l'aliénation *contracta fiducia*, on dut décider que la prohibition du gage n'était pas subordonnée à la façon dont il était constitué, que c'était la constitution elle-même du gage qui était interdite et non point la forme donnée à l'acte. En conséquence, la règle qui régissait l'aliénation avec clause de fiducie, devint directement applicable au gage. Voilà comment on a pu très-naturellement rattacher à la loi Julia la prohibition de l'hypothèque. Mais, autre chose peut embarrasser : c'est qu'à la différence de la vente, l'engagement de l'immeuble ne peut être validé par le consentement de la femme. A quoi attribuer cela? à l'influence du S. C. Velléien. En effet, d'après ce S. C. la femme ne peut s'obliger ou obliger ses biens pour autrui ; or, en réalité ne risque-t-elle pas, sinon sa fortune actuelle, du moins sa fortune à venir, en consentant à l'hypothèque du fonds dotal, c'est-à-dire en renonçant vis-à-vis du créancier hypothécaire au bénéfice de l'action *rei uxoriæ?* Evidemment; donc elle ne pourra pas consentir à l'hypothèque, d'autant plus que l'hypothèque était à tort ou à raison considérée comme plus dangereuse que l'aliénation, parce que, disait-on, son effet étant plus éloigné, la femme qui compte sur le paiement pour le prévenir aurait trop facilement consenti.

En admettant que la défense d'hypothéquer le fonds dotal se rattache au système général du S. C. Velléien, il faudra admettre que si l'hypothèque a été constituée par le mari avec le consentement de la femme pour garantir une dette de la femme, comme il n'y a pas *d'intercessio,* car la femme fait sa propre affaire, l'opération est valable. Il faudra de plus décider que l'hypothèque sera valable si celui à qui elle a été consentie était de bonne foi, c'est-à-dire ne savait pas qu'il y avait *intercessio* de la part de la femme, ou du moins si l'on peut reprocher à la femme d'avoir cherché à le tromper. Supposons, par exemple, que le mari et la femme se sont présentés à lui comme copropriétaires du fonds, la femme ferait alors ses propres affaires aussi bien que le mari. C'est ce que décide la loi 5 au code *ad sen. Vell.* pour les biens paraphernaux ; nous croyons qu'il faut donner la même décision relativement aux fonds dotaux.

SECTION VII

DE L'IMPRESCRIPTIBILITÉ DU FONDS DOTAL.

La loi Julia, qui défend l'aliénation du fonds dotal, empêche par là même l'usucapion du fonds dotal qu'un tiers voudrait accomplir à son profit. L'usucapion est une aliénation. Cela est dit expressément au Digeste *de verb. signif.* L. 28, « *alienationis verbum etiam usuca-* » *pionem continet, vix est enim ut non videatur alienare* » *qui patitur usucapi. Eum quoque alienare dicitur qui* » *non utendo amisit servitutes.* » Ainsi, la défense d'aliéner entraîne l'imprescriptibilité, et cela tant pour les démembrements de la propriété que pour la propriété elle-même.

Quant aux servitudes, Julien nous dit dans la loi 5 du livre 15 de son Digeste que le mari ne pouvait perdre les servitudes dues au fonds ni en établir sur lui.

Pour que les servitudes soient inaliénables, il faut qu'elles soient *fundo debitæ*, c'est-à-dire établies comme droit réel. S'il y avait simple créance de servitude, cette créance n'appartiendrait nullement au fonds, il n'y aurait donc pas *servitutes fundo debitæ*. Nous ne voulons pas dire que le mari pourrait abandonner une créance de servitude qu'il aurait acquise à titre de dot. Il en serait de cela comme de l'aliénation de la créance d'un fonds, ou encore comme de l'aliénation de la possession de bonne foi, et nous dirions volontiers en règle générale, d'après l'esprit de la loi 49 *de jure dot.*, l'abandon d'un droit quelconque de la part du mari ne pourra valoir que dans les cas où, supposant le droit réalisé, le mari pourrait en abandonner le bénéfice.

Il n'y a pas à s'inquiéter de la date de la servitude. Pour être née après la dotalité, elle n'en est pas moins servitude du fonds dotal. Cependant, si non-seulement elle est postérieure à la propriété du mari sur le fonds dotal, mais si, en outre, elle a été acquise *ex re mariti*, déciderons-nous de même? Oui, car de quelque part qu'elle provienne, la servitude n'appartient ni au mari ni à la femme, mais au fonds dotal, elle est une des qualités de ce fonds, et on ne comprendrait pas comment, ce fonds étant dotal sans restriction, une de ses parties pourrait ne pas l'être.

Il n'y a pas à distinguer entre les modes d'extinction. Le mari ne peut perdre ni par remise expresse, ni par négligence *non utendo*.

Tout ce que nous venons de dire n'est vrai que des servitudes réelles, les servitudes personnelles pouvaient sans doute s'éteindre *non utendo*. Les servitudes personnelles, en effet, ne sont pas susceptibles de perpétuité comme les réelles, et ont un caractère bien plus fragile. Si, comme nous le pensons, elle pouvait s'éteindre *non utendo*, elles pouvaient aussi sans doute s'éteindre par les autres modes d'extinction.

Il est aussi défendu au mari de grever le fonds de servitudes nouvelles. En effet, constituer des servitudes, soit personnelles, soit réelles, des droits reconnus, soit par le droit civil, soit par le droit prétorien, ce serait aliéner partiellement.

L'inaliénabilité et l'imprescriptibilité qui frappent les servitudes consistant *in faciendo* frappent également les servitudes qui consistent *in patiendo* ou *in non faciendo*.

Nous voyons dans la loi 6 du Dig. *de fundo dotali* que l'usucapion ne peut procurer l'affranchissement d'...

servitude urbaine due au fonds dotal; en effet, ce fonds y perdrait.

L'*usucapio libertatis* dont parle cette loi est celle qui s'accomplit à la suite d'actes positifs de protestation contre la servitude urbaine, servitude dont l'exercice n'est pas attaché à une action de la part du propriétaire du fonds dominant, et qui; précisément à cause de cela, est imprescriptible jusqu'à ce qu'un obstacle y soit apporté par le propriétaire du fonds servant. Par exemple : un fonds est grevé de la servitude *non edificandi*, le laps de temps seul ne pourra jamais l'en affranchir; mais si une construction y est élevée, l'*usucapio libertatis* commence, tel est le droit commun; il y est fait exception en faveur du fonds dotal.

Cependant, même à l'encontre du fonds dotal, l'*usucapio libertatis* pourrait avoir lieu dans les cas où est possible l'usucapion de la propriété.

Nous savons que le *vicinus jussus possidere*, dans le cas du *damnum infectum*, n'avait le fonds que *in bonis*, et en usucapait le *dominium ex jure quiritium*. Dans le cas aussi, où les biens du mari passeraient à un *bonorum possessor*, le même usucapion pourrait s'accomplir au profit de ce dernier. Il y a encore d'autres exceptions à l'inaliénabilité et à l'imprescriptibilité.

La loi 16 au D. *de fundo dotali* nous apprend que, si une femme a donné en dot, comme sien à son mari, un fonds que Titius possédait de bonne foi et qu'il était en voie de prescrire, et si le mari a négligé de revendiquer le fonds, le mari est responsable si la prescription achève de s'accomplir, car la loi Julia, bien qu'elle défende l'aliénation du fonds dotal, n'empêche pas la continuation d'une prescription commencée avant la constitution de l'immeuble en dot. Toutefois, si lors de la constitution de dot, il ne manquait que peu de jours pour l'accomplissement de la prescription, il n'y aurait aucune faute à imputer au mari.

Peu importe que celui qui possède le fonds dotal soit ou non de bonne foi ; lorsque la loi défend l'usucapion, la bonne foi du possesseur ne lui donne pas le droit d'usucaper. La défense d'aliéner, par suite d'usucaper, dérivant de la loi Julia, peu importe que le possesseur ait reçu la chose de bonne foi, persuadé que celui de qui il la tient a le pouvoir d'aliéner. La bonne foi ne suffit pas pour faire disparaître le vice qui tient à la qualité de la chose.

Par voie de conséquence, puisque l'usucapion n'est, en règle générale, pas possible relativement à un fonds dotal, l'action publicienne ne serait pas possible si le possesseur, même de bonne foi, du fonds total, venait à en perdre la possession. En effet, il n'est pas *in causa usucapiendi* et la publicienne n'est donnée qu'à ceux qui sont *in causa usucapiendi*. Quand le prêteur donne la publicienne, il considère comme accomplie une usucapion qui ne l'est pas réellement ; il fait remise de la durée du temps. Or, dans le cas qui nous occupe, on prolongerait inutilement le temps de l'usucapion.

CHAPITRE II.

Droit de Justinien.

Justinien a successivement introduit plusieurs garanties au profit de la femme mariée.

Dans une constitution de l'an 529 qui forme au code la loi 30 *de jure dotium*, Justinien accorde à la femme une hypothèque privilégiée sur toutes les choses dotales estimées ou non estimées, et même sur les objets achetés *ex pecunia dotali*, ainsi qu'il résulte de la constitution qui forme la loi 12 § 1 C. *qui potiores*.

La femme, en vertu de cette hypothèque privilégiée, primera même des créanciers hypothécaires du mari. Mais, si la chose était déjà grevée d'hypothèques lorsqu'elle est apportée en dot, ces hypothèques passeront avant celles de la femme.

La chose apportée en dot au mari, quelle qu'elle soit, se trouvera grevée de l'hypothèque privilégiée, pourvu qu'elle existe encore au moment où la femme agit *(si tamen extant)*.

Justinien, par ces mots *(si tamen extant)* a-t-il voulu empêcher l'existence de l'hypothèque privilégiée au profit de la femme, si le mari a aliéné les choses dotales? Nous ne le pensons pas, car on ne voit pas pourquoi Justinien aurait traité moins favorablement la femme qu'un simple créancier hypothécaire en lui refusant le droit de suite contre un tiers-acquéreur. Le mot *extant* doit indiquer ici que les objets existent encore *in natura rerum*, quand même ils seraient sortis du patrimoine du mari. Justinien nous paraît avoir, par ces mots, fait allusion au cas où la femme se serait constitué en dot des esclaves ou des animaux qui doivent exister encore au jour où la femme agit en restitution de sa dot, pour pouvoir donner lieu à l'action hypothécaire de la femme.

On peut se demander quelle nécessité il y avait pour Justinien de dire, dans cette loi 30, que la femme, au moyen d'une action hypothécaire, pourrait primer tous les créanciers hypothécaires du mari, même antérieurs. Au premier abord, cela paraît inintelligible. En effet, le texte suppose que les biens dotaux ont pu être grevés d'hypothèque au profit des créanciers du mari, et cependant nous savons que le mari ne peut hypothéquer le fonds dotal, même avec le consentement de la femme.

Voici comment la question peut se présenter :

D'abord, les meubles dotaux peuvent être hypothéqués.

En second lieu, même quant aux immeubles dotaux, l'intérêt pouvait se présenter. En effet, le droit du mari (*de fundo dotali* L. 1) n'est restreint par la loi Julia que quand il s'agit pour lui d'une aliénation ou d'une hypothèque conventionnelle. Or, du temps de Justinien, il y a des hypothèques légales, on peut par conséquent supposer qu'un créancier du mari a une hypothèque légale, qui frappera même les immeubles dotaux. Dans ce cas, il est utile de dire que la femme primera même les créanciers antérieurs du mari.

Justinien, dans sa Constitution de l'an 529, décide que la femme aura, pour recouvrer sa dot, non-seulement une hypothèque privilégiée sur les choses dotales, mais en outre une action en revendication.

Il nous semble évident que pour que cette revendication puisse être exercée, deux conditions sont nécessaires :

1° Il faut supposer que les choses dotales n'ont pas été valablement aliénées. Or, s'il s'agit de meubles, ils ont pu être valablement aliénés par le mari, et s'il s'agit d'immeubles, le mari a pu valablement les aliéner avec le consentement de la femme. La femme, dans ces deux cas, ne pourrait pas user de la revendication contre le tiers-acquéreur ; car il y a eu aliénation valable. Il est impossible de décider que le tiers-acquéreur qui a traité avec un homme qui avait pouvoir d'aliéner puisse être attaqué par une revendication.

2° Nous ajoutons comme seconde condition qu'il faut qu'il n'y ait pas eu, relativement aux biens apportés en dot, estimation valant vente. Car alors la femme ne pourrait que réclamer l'estimation des biens dotaux. Qu'on ne nous oppose pas les termes trop généraux de la Constitution qui ne distingue pas entre les objets estimés ou non estimés ; car il est certain que le but principal de la Constitution est de donner à la femme une hypothèque privilégiée sur toutes les choses apportées en dot. Alors, la rédaction générale du commencement de la loi 30 se comprend : l'hypothèque privilégiée existe au profit de la femme sur les meubles comme sur les immeubles apportés en dot estimés ou non.

Cette même loi 30 accorde une revendication à la femme ; mais ce n'est pas là son objet principal, et les termes généraux *sive æstimatæ sive inæstimatæ* ne s'appliquent pas à cette revendication.

La fin de la loi 30 décide que les actions accordées à la femme pourront commencer à se prescrire à partir du jour où elles pourront être exercées. Il n'y est point dit que la prescription du fonds dotal peut commencer après la dissolution du mariage.

Justinien a apporté de nouvelles modifications dans sa Constitution de l'an 530 qui forme la loi unique au Code *de rei uxoriæ actione.*

Dans le § 1 de cette loi, Justinien décide que la femme aura une hypothèque légale sur les biens du mari.

Dans le § 15, l'empereur tranche une ancienne controverse et décide que les fonds provinciaux seront soumis aussi bien que les fonds italiques à la législation qui régit les fonds dotaux.

En troisième lieu, Justinien décide que le fonds dotal sera inaliénable même avec le consentement de la femme. Voici le raisonnement que s'est fait Justinien : « Au premier » abord on pourrait croire que la femme ayant une hypo- » thèque, il n'y avait point d'inconvénient à permettre au » mari, comme autrefois, d'aliéner le fonds dotal avec le » consentement de la femme ; car l'hypothèque légale de » la femme lui permettra de suivre le bien entre les » mains du tiers-acquéreur. Mais en y regardant de près » on voit que, si le mari peut aliéner le fonds dotal avec » le consentement de la femme, l'hypothèque de la » femme sera réduite à néant. En effet, la femme consen- » tant à l'aliénation, renonce à opposer au tiers-acqué- » reur son droit d'hypothèque, de sorte que du même » coup toute espèce de sûreté pour la femme est » tombée relativement au fonds dotal. » Voilà le motif qui a fait dire à Justinien que le fonds dotal sera inaliénable même quand la femme consentirait à son aliénation.

Justinien déroge ainsi à la constitution d'Anastase qui forme la loi 21 *ad Sen. Vell.*, en ce sens qu'il fait une distinction là où la constitution d'Anastase n'en faisait pas. En effet, d'après Anastase, la femme pouvait renoncer à son hypothèque sans aucune distinction. (Du temps d'Anastase, la femme pouvait avoir une hypothèque conventionnelle, mais n'avait pas d'hypothèque légale.) L'idée d'Anastase est qu'une pareille renonciation n'est pas une *intercessio* tombant sous l'application du sénatus-consulte Velléien. D'après Justinien, au contraire, la femme peut renoncer à son hypothèque légale simple qu'elle a sur les biens personnels du mari, ou même à l'hypothèque privilégiée qu'elle a sur les immeubles apportés en dot avec estimation, et même à l'hypothèque privilégiée qu'elle a sur les meubles dotaux *(arg. à contrario* tiré des mots : *in fundo non æstimato)*; mais Justinien ne lui permet pas de renoncer à son hypothèque légale sur le fonds dotal non estimé.

En 531, Justinien rendit sa fameuse constitution qui est connue sous le nom de Loi *assiduis* et forme la loi 12 au Code *qui potiores*, dans laquelle, pressé, dit-il, par les prières des femmes qui pleuraient leurs dots perdues, il établit au profit de la femme une hypothèque privilégiée même sur les biens personnels du mari. La femme pouvait ainsi primer par son hypothèque même les créanciers hypothécaires du mari antérieurs à la naissance de cette hypothèque.

Nous pensons que la loi 22 au Code *ad Sen. Vell.*, qui décide que si la femme a consenti à une *intercessio* et l'a confirmée après deux ans, elle ne pourra plus en demander la nullité, doit s'appliquer à la défense d'hypothéquer le fonds dotal. En effet, cette défense d'hypothéquer le fonds dotal se rattachant au système du S. C. Velléien, la même décision doit être donnée relativement à l'hypothèque consentie par la femme sur le fonds dotal. La novelle 61 confirme cette opinion. Elle déclare inaliénables et non susceptibles d'hypothèque les immeubles compris dans la donation *ante nuptias;* mais elle déclare que la femme ne pourra pas agir en nullité, s'il y a eu de sa part confirmation après deux ans; puis elle ajoute : » *Atque hæc multo magis in dote obtineant, si quædam de*

» *dote alienaverit vel pignori obligaverit : satis enim hæc* » *jam elaborata et sancita sunt.* »

Le dernier état du droit de Justinien est donc celui-ci : les garanties de la loi Julia et des constitutions impériales relativement à la femme sont maintenues; mais si la femme a consenti à une hypothèque ou à une aliénation du fonds dotal, elle est censée avoir fait une *intercessio;* mais elle peut rendre valable l'acte qu'elle a fait en la confirmant au bout de deux ans. La novelle 61 décide en outre que dans les deux cas, pour que le consentement de la femme à l'hypothèque du fonds dotal ou à son aliénation soit considérée comme une *intercessio* qui puisse être ratifiée par une confirmation au bout de deux ans, il faut que le mari ait assez de biens pour désintéresser complètement la femme.

DROIT FRANÇAIS

DE L'INALIÉNABILITÉ DE LA DOT

DIVISION.

Sans traiter spécialement la partie historique que nous distribuerons seulement selon l'exigence des questions et sous chacune d'elles, nous examinerons :

1° Les immeubles,
2° Les meubles,
3° La sanction de l'inaliénabilité,
4° Les exceptions à l'inaliénabilité,
5° L'imprescriptibilité.

CHAPITRE PREMIER.

Des Immeubles.

§ 1. — Quels immeubles sont dotaux ?

Le régime dotal étant adopté par les époux, tout ce que la femme se constitue ou qui lui est donné en contrat de mariage, est dotal, s'il n'y a stipulation contraire (art. 1541).

L'immeuble acquis en remplacement d'un immeuble dotal dont il y aurait eu éviction, est aussi dotal, pourvu que la subrogation en ait été faite expressément. Sous prétexte que le deuxième immeuble n'a pas reçu dans le contrat de mariage le caractère de dotalité, certaines personnes rejettent cette décision, et y voient une violation de la règle de l'irrévocabilité des conventions matrimoniales posée dans les articles 1395 et 1543. Nous ferons observer que ces deux articles ne font allusion qu'aux changements volontairement apportés par les époux et non à ceux qu'ils n'ont pu empêcher.

N'est pas dotal dans le sens propre du mot, c'est-à-dire inaliénable, l'immeuble qu'un tiers, après le mariage, aurait donné sous condition de dotalité à une femme qui ne se serait point constitué en dot ses biens à venir. L'inaliénabilité est contraire à l'ordre public, et il n'est point permis à un donateur d'établir un tel état de choses en dehors des conditions spécialement prévues par la loi; or la loi exige, ou que la donation ait été faite par contrat de mariage, ou que la femme se soit constitué en dot ses biens à venir.

On s'est demandé s'il était possible que l'on constituât inaliénable un immeuble sous un autre régime que le régime dotal, sous celui de la communauté, par exemple, sans adopter quant à cet immeuble les règles du régime dotal. D'après l'article 1554, il nous semble que c'est seulement une chose dotale qui peut être inaliénable. Mais on tire de l'article 1497, qui laisse toute liberté aux conventions matrimoniales, la conséquence que l'inaliénabilité d'un bien que l'on maintient commun peut être valablement stipulée. N'est-il donc pas évident que la liberté qu'on laisse aux époux n'est que la liberté de droit commun? Ils peuvent faire tels arrangements qu'ils voudront, en ce sens qu'ils ne sont point tenus, quelque régime qu'ils adoptent, de se soumettre aux dispositions du code sur ce régime ; ils pourront les modifier à leur gré, mais il ne leur est pas permis de faire des conventions illicites. Or, est-il de la faculté des propriétaires de rendre leurs immeubles inaliénables? Non certainement. Une exception a été faite pour le cas de constitution dotale, exception imposée en quelque sorte par la tradition du régime ; on doit s'en tenir à cette exception. Notons que c'est même expressément que l'immeuble doit être soumis au régime dotal (art. 1392). Ainsi, les époux communs, ou séparés de biens, etc., peuvent très-bien convenir que tel immeuble sera dotal, mais ils ne peuvent point convenir qu'il sera inaliénable sans être dotal.

§ 2. — L'immeuble dotal ne peut être aliéné par le mari.

Les décisions que nous donnerons pour l'aliénation devront s'entendre aussi de l'hypothèque.

Le mari n'étant pas propriétaire de l'immeuble dotal ne peut l'aliéner.

Certaines personnes attribuent cependant au mari la propriété de l'immeuble dotal en s'appuyant sur le droit romain. Nous allons réfuter cette opinion.

Posons d'abord en principe que la femme reste propriétaire des biens dotaux. Les articles 1549, 1562 et 1566 le démontrent suffisamment. Or, si le mari était propriétaire, il y aurait deux propriétaires, et cette juxtaposition de deux droits de propriété *in solidum* sur une même chose ne se comprend pas. Les démembrements peuvent appartenir à différentes personnes ; mais la propriété est une, ou elle n'est pas, car si elle n'est pas une, la seconde limite la première et réciproquement; or, l'attribut de la propriété est d'exclure tout empiétement de la part d'autrui. Ce système, pour être logique, devrait donc admettre que le mari et la femme n'ont en réalité que des démembrements de la propriété; or, dans tous les systèmes on reconnait que la femme a la propriété des biens dotaux; donc le mari ne l'a pas.

Mais, répond-on, l'attribution que l'art. 1549 fait au mari des actions réelles pétitoires, ne lui donne-t-elle pas le titre de propriétaire, puisque ces actions résultent de la qualité de propriétaire?

L'article 1549 pourrait ne pas être logique, et il ne serait peut-être pas le seul au code dans ce cas. Du reste, l'on comprend parfaitement, même en bonne logique, que les rédacteurs du Code ne reproduisant pas le principe romain qui fait le mari *dominus dotis*, mais voulant admettre le régime dotal d'origine romaine, aient conservé certaines règles qui, en droit romain, étaient les conséquences de ce principe; les changer c'eût été supprimer le régime dotal, et ils le maintenaient.

En outre, si le législateur n'a pas admis le principe romain, c'est avec intention, nous le prouverons par la suite. A quel titre, dira-t-on, alors, le mari a-t-il l'exercice des actions réelles, et à quel titre a-t-il, sous le régime de la communauté, l'exercice des actions mobilières et celui des actions immobilières possessoires (article 1428)? à titre de mandataire légal. La loi n'a-t-elle pas pu étendre ce mandat jusqu'à l'exercice des actions immobilières pétitoires?

Comment parler du principe romain en droit français, lorsque l'article 1562 dit que le mari est tenu des obligations de l'*usufruitier*, quand l'art. 1555 dit que *la femme* peut donner *ses* biens dotaux pour l'établissement de ses enfants issus d'un mariage antérieur, *quand même le mari s'y refuserait?* Enfin les art. 1551 et 1552 nous montrent que non-seulement la femme reste propriétaire, mais qu'encore le mari ne le devient pas : « Le mari » devient propriétaire de la dot mobilière, si elle a été » estimée ; » donc il n'en devient pas propriétaire si elle n'a pas été estimée. « L'estimation donnée à l'immeuble » constitué en dot, *n'en transporte pas la propriété au » mari, s'il n'y en a déclaration contraire.* »

On prétend que dans cette matière il ne faut pas être trop attaché au texte et qu'il faut surtout consulter l'histoire. Nous croyons, au contraire, que le régime dotal n'a été admis qu'à regret par le législateur, et l'on peut dire que l'esprit de la loi est qu'on s'en tienne à la lettre.

Donc la femme est seule propriétaire, et, comme « *nemo dat quod non habet,* » l'aliénation que consentirait le mari, ne serait pas rescindable, mais nulle, conformément à l'art. 1599.

Nous admettons cependant que le mari peut seul provoquer un partage. Nous nous trouvons dans cette opinion en présence de deux objections :

1° On a pris le régime dotal dans le droit romain, or en droit romain, le mari ne le pouvait pas. Peu importe, puisque les principes ne sont plus les mêmes en droit français. Le mari ne pouvait pas, à Rome, provoquer le partage, parce que le partage y étant *attributif* de propriété, contenait transmission à chacun des copartageants d'une partie de la part des autres, en un mot, constituait un échange, une aliénation. Chez nous, le mari, il est vrai, ne peut pas plus qu'en droit romain aliéner le fonds dotal, mais le partage n'est plus chez nous une aliénation. En droit français (art. 883) le partage est déclaratif; au lieu de produire un échange réciproque de propriété, il indique quelles ont été *ab initio* les parts de chaque copartageant, il n'est pas une aliénation, donc la décision romaine ne peut pas être invoquée ici.

2° L'art. 818, dit-on, ne permet pas au mari d'intenter seul une demande en partage pour les biens de la femme qui ne tombent pas en communauté ; or, les biens dotaux ne tombent pas en communauté, donc le mari ne peut pas en provoquer le partage. Mais il n'y a pas la moindre analogie entre les biens dotaux et les propres de la communauté, et l'art. 818 est spécial au régime de la communauté. Au surplus, l'action en partage est une action réelle pétitoire, et l'art. 1549 accorde formellement au mari l'exercice de ces actions.

Nous disons même du partage à l'amiable ce que nous avons dit du partage judiciaire, car ce partage engendre comme celui dont nous venons de parler une action réelle. Il est bien entendu que si le partage déguisait une vente, un échange ou toute autre opération prohibée, cette opération serait nulle : non point parce qu'elle serait un partage amiable, mais parce qu'elle tomberait sous l'application de l'art. 1554 : « le mari ne peut aliéner le fonds dotal. »

Le mari, comme usufruitier de la dot (art. 1549) devient propriétaire des revenus de l'immeuble et de tous les biens dotaux ; il est de son devoir de les employer aux charges du mariage (art. 1540). Il ne faut pas cependant pousser trop loin l'application du principe contenu dans l'article 1540. La loi attribue bien au mari les fruits de l'immeuble dotal pour soutenir les charges du mariage, mais elle n'en subordonne pas la propriété à cet emploi, et ils lui sont acquis d'une façon définitive. La loi a fait sagement. Si, en effet, le mari n'avait pu valablement aliéner que l'excédant des fruits sur les besoins de la famille, personne n'eût pu traiter en sécurité avec le mari. Pour n'être pas en danger de restituer à la femme, il eût fallu que les tiers connussent à partir de quelle somme commence l'excédant, et pénétrassent les secrets du ménage. Cet appareil exagéré de protection pour la famille eût tourné à son détriment, car les tiers traitant sans sécurité, n'eussent jamais consenti à acquérir qu'à vil prix les fruits que le mari eût été en bon administrateur obligé de transformer en argent pour satisfaire aux besoins du ménage.

L'excédant des fruits sur les besoins du ménage étant en dehors de l'obligation du mari vis-à-vis de la famille, nous admettons que les créanciers du mari pourront saisir cet excédant en le faisant fixer par les tribunaux. Nous ne donnons pas la même décision dans le cas d'aliénation ordinaire et dans le cas de saisie, parce que l'individu auquel le mari voudra vendre un sac de blé ne pourra pas faire déterminer par les tribunaux si ce sac est nécessaire aux besoins de la famille; au contraire, le créancier qui voudra opérer une saisie pourra parfaitement avoir recours à la décision des tribunaux pour faire valider sa saisie.

Le mari ne pourra aliéner par anticipation les revenus de l'immeuble, sauf à titre d'administration. Comme il n'a pas la qualité de propriétaire, il ne peut faire d'aliénation valable que lorsqu'il a la qualité d'administrateur; or, cette qualité ne lui donne jamais que le droit de disposer des fruits ou revenus perçus.

En traitant des meubles dotaux nous répondrons à l'objection qu'on pourrait tirer de la maxime « en fait de meubles » pour prouver que les tiers de bonne foi ne seraient pas exposés à restitution.

§ 3. — L'immeuble dotal ne peut être aliéné par la femme.

La femme ne peut pas non plus aliéner l'immeuble dotal. Cette prohibition est une dérogation au droit commun, puisque la femme est propriétaire. Cette inaliénabilité tient-elle à une qualité nouvelle de l'immeuble, ou seulement à une incapacité de la femme? Cette règle est-elle du statut réel ou du statut personnel? Nous pensons qu'elle est du statut personnel.

En effet, en cas d'aliénation de l'immeuble par la femme, la prescription s'accomplit au bout de dix ans en vertu de l'art. 1304, et il est évident que le passage de cet article que l'on applique ici ne fait allusion qu'à l'incapacité de la femme.

L'incapacité est ici plus grande que l'incapacité ordinaire des femmes mariées. La femme n'a pas subordonné son droit à une autorisation, elle l'a abdiqué, ce qui explique très-bien comment elle ou son mari, ou tous les deux ensemble ne peuvent rien; tout ce que peut le mari, c'est habiliter à l'exercice d'un droit existant; or, ici le droit n'existe pas. Mais si cette inaliénabilité frappe l'immeuble, c'est par la volonté présumée de la femme, car toutes les conventions matrimoniales qui résultent de la loi en vertu des conventions expresses des parties sont censées avoir été tacitement adoptées par elles. Elle est à ce titre du statut personnel.

On nous objecte qu'il faut avoir égard au but définitif de la loi, qui, étant la conservation du bien dotal dans la famille, fait de l'inaliénabilité une question de statut réel.

Selon nous, la conservation du bien dotal dans la famille n'est pas le but de la loi. Nous le trouvons dans la protection, tant contre l'influence du mari, que contre ses propres tentations de dépense, protection qui résulte de l'impossibilité dans laquelle s'est mise la femme de disposer du bien dotal.

Si l'on admet que la conservation de l'immeuble dans la famille est le but de la loi dans l'inaliénabilité dotale, il faudra admettre aussi que l'incapacité du mineur repose sur le même motif, et que par conséquent elle fait partie du statut réel. Mais puisque personne n'acceptera cette argumentation pour le cas du mineur, il faudra donc la repousser aussi pour le cas de la femme mariée.

Les conséquences de la personnalité du statut sont d'une grande importance. Ainsi on devra consulter non la loi de la situation des immeubles, mais la loi qui régit la capacité de la femme (3e al. de l'art. 3, C. Nap.), c'est-à-dire celle du domicile du mari, lequel domicile est devenu par le mariage celui de la femme (art. 214). Ainsi on consultera la loi étrangère pour toutes les questions relatives à l'inaliénabilité des biens situés en France et appartenant à des étrangers. A l'inverse, la loi française régira la femme française pour ses immeubles de l'étranger.

Mais, cela n'est vrai que sous les conditions suivantes :

S'il s'agit de biens situés en France appartenant à des étrangers, il faut d'abord que ces étrangers soient admis en France au bénéfice du régime dotal. Nous disons qu'ils y sont admis, car nous adoptons sur l'art. 11 le système qui leur attribue tous les droits qui ne leur sont pas expressément enlevés. En second lieu, il faut que la loi nationale de la femme étrangère reconnaisse l'inaliénabilité dotale.

S'il s'agit de biens appartenant à des Français, situés en pays étranger, il faut que dans ce pays soit concédée aux Français la faculté de rendre les immeubles dotaux et inaliénables.

On critique beaucoup l'inaliénabilité dotale, mais les tempéraments qu'il est permis d'y apporter, la faculté de la supprimer, et la liberté du choix laissée aux futurs époux sur le régime à adopter, atténuent beaucoup les inconvénients qu'elle peut avoir; car, enfin, les époux qui la prennent pour règle de leur société l'ont bien voulue. L'inaliénabilité dotale facilite du reste souvent les mariages. Un ascendant pourrait très-bien ne pas vouloir se dépouiller et doter sa fille s'il n'y avait pas moyen de lier les conjoints, il pourrait craindre qu'ils ne se missent dans l'impossibilité de subvenir aux besoins de la famille. L'inaliénabilité concilie tout.

Souvent le constituant aura surtout en vue les enfants à naître du mariage, c'est alors dans son esprit comme une substitution d'une certaine espèce, substitution permise, car le constituant est presque toujours une des personnes mentionnées dans les articles 1048 et 1049; or, ces mêmes substitutions qu'on trouve équitables et rationnelles quand elles sont faites principalement, peut-on les trouver extraordinaires lorsqu'elles résultent d'un contrat de mariage?

La femme ne pouvant aliéner son immeuble dotal, nous pensons qu'elle ne peut instituer contractuellement pour cet immeuble et qu'elle ne peut le donner à son mari; car nous ne croyons pas contestable qu'on doive ranger dans la classe des donations, l'institution contractuelle et la donation entre époux, surtout cette dernière, qui, toute révocable qu'elle soit, n'en confère pas moins un droit actuel de propriété à l'époux donataire et n'en dépouille pas moins actuellement l'époux donateur. Quant aux institutions contractuelles, la différence avec les legs est moins tranchée. Cependant, elles sont irrévocables (art. 1083) quoiqu'elles n'aient d'effet qu'à la mort de l'instituant, c'est-à-dire quoiqu'elles ne soient pas actuelles. Cela nous suffit pour les traiter comme une donation. Du reste, l'article 1554 défend toute constitution de droit sur l'immeuble pendant le mariage, que ce droit soit éventuel ou non. Or, l'institution contractuelle confère un droit. L'inaliénabilité ayant été introduite non-seulement dans l'intérêt de la femme, mais aussi dans celui de la famille, il est indifférent que l'institution n'ait d'effet qu'après la mort de la femme, puisque son seul intérêt est qu'elle n'ait pas d'effet.

La femme, tant qu'il n'y a pas séparation de biens, ne peut pas engager les revenus de son immeuble, outre incapacité (art. 217), il y aurait aliénation de la chose d'autrui ; mais la séparation étant prononcée, la femme reprend l'usufruit de sa propriété, et les pouvoirs d'administration qu'elle recouvre lui rendent la capacité d'aliéner.

Les fruits répondent-ils des engagements contractés par la femme soit antérieurement, soit postérieurement à la séparation ? Oui, si les fruits sont dans le patrimoine libre de la femme, ils y sont pour tout le monde ; il résulte des art. 2092 et 2094 qu'il n'y a pas à distinguer si les créances sont antérieures ou postérieures à l'entrée du bien dans le patrimoine du débiteur.

La jurisprudence, au contraire, accorde le droit de saisie aux créanciers de la femme postérieurs à la séparation et le refuse aux antérieurs. Nous croyons cette opinion erronée. En effet, si lorsque le mariage existe, la part de fruits nécessaires aux besoins de la famille est considérée comme insaisissable entre les mains du mari, et si le superflu seul l'est, la raison est que le mari en recevant la jouissance de l'immeuble dotal s'est engagé à subvenir aux besoins de la famille, mais il n'y a pas la même raison pour diminuer la capacité de la femme après la séparation de biens. Le mari était engagé envers la femme et celle-ci ne l'est pas envers le mari.

§ 4. — L'immeuble dotal ne peut être aliéné par le mari et la femme conjointement.

Le droit d'aliéner n'existant pas chez la femme, il n'est pas possible qu'il y ait de la part du mari autorisation de l'exercer.

§ 5. — L'immeuble dotal ne peut être aliéné par la femme autorisée par la justice.

La justice est tout aussi impuissante que le mari, par la même raison. Le droit n'existant pas, il n'est pas possible d'en autoriser l'exercice.

La loi ne distingue pas; la femme, *constante matrimonio*, ne peut pas plus aliéner son immeuble pour l'avenir que pour le présent; elle deviendra capable quand cessera la dotalité, mais elle n'est point capable actuellement pour le temps où l'immeuble redeviendra libre. Le système contraire oublie que l'art. 1554 prohibe pendant la dotalité, non-seulement l'exécution, mais encore la création du droit. On prétend que le fonds dotal peut être considéré comme une chose future et que les art. 1130,

2129 et 2130 qui permettent d'engager les choses futures, rendent son aliénation pour une époque postérieure à la cessation du mariage parfaitement valable. Oui, on peut engager les choses futures, mais seulement quand cela n'est pas défendu, et l'art. 1554 interdit précisément l'aliénation de l'immeuble dotal même pour l'avenir.

Nous devons dire dès maintenant qu'il a été fait des exceptions aux différentes prohibitions dont nous venons de parler, ainsi que nous le verrons plus loin. L'aliénation est permise dans certains cas à la femme autorisée tantôt par le mari, tantôt soit par le mari soit par la justice, mais jamais à la femme seule.

§ 6. — Quelle est l'étendue de la prohibition?

La prohibition de la loi ne s'applique pas aux aliénations indépendantes de la volonté des époux ; elle les laisse dans le droit commun. Elle ne s'applique donc pas :

1° Aux servitudes légales, car elles constituent l'état normal de la propriété et ne sont pas des démembrements du *dominium*.

2° Aux obligations qui naissent des engagements sans convention (dans tous les cas où l'incapacité de la femme mariée n'est pas un obstacle à ces engagements), des délits ou des quasi-délits de la femme. La loi a voulu protéger la femme, mais non lui permettre de nuire aux tiers sans réparer le dommage, la garantir contre ceux qui pourraient contracter avec elle, mais non contre ceux qui deviendraient ses créanciers sans le vouloir (l'usufruit du mari étant d'ailleurs respecté).

3° Aux expropriations pour cause d'utilité publique.

4° Dans plusieurs cas à l'expropriation forcée. Ainsi, les créanciers de la femme ou du tiers constituant, suivant les cas, peuvent faire exproprier l'immeuble : 1° Si la constitution a été d'une universalité dont l'immeuble faisait partie ; 2° si la constitution ayant été particulière, l'immeuble était déjà grevé d'hypothèque ; 3° si la constitution a été frauduleuse, lorsque le mari a été *conscius fraudis ;* dans le cas contraire, l'expropriation ne pourra porter que sur la nue-propriété. On voit que dans ces trois cas ce n'est point pendant le mariage qu'est né le droit à l'expropriation.

Abordons une question vivement controversée. Les tiers qui, pendant le mariage sont devenus légitimement créanciers de la femme, peuvent-ils à la cessation de la dotalité faire exproprier l'immeuble? Il ne s'agit pas de l'exécution d'une aliénation, mais bien de l'exécution d'une obligation valable. Il était interdit à la femme d'aliéner et d'hypothéquer, mais autorisée par le mari, elle a pu s'obliger très-valablement. L'immeuble n'a pu être saisi pendant la dotalité pour paiement d'une créance non antérieure ; mais quand le mariage est dissout, d'une part il y a un droit incontestable, d'autre part il n'y a plus de dotalité. D'où viendrait donc l'obstacle à l'exécution? Que défend la loi? D'aliéner et d'hypothéquer l'immeuble dotal. Or, si la femme s'oblige avec l'autorisation du mari, l'obligation est légitime, et il n'y a pas là l'engagement de l'immeuble ; de plus le débiteur est censé affecter à ses dettes tout ce qu'il acquiert au fur et à mesure des acquisitions (art. 2092) ; de sorte que, à quelque moment que le paiement puisse être demandé, c'est le patrimoine entier dans l'état où il se trouve alors qui en répond. Si la dotalité a déjà disparu, comment lui faire produire cet effet posthume d'écarter toute action en expropriation ? Bien que la créance soit née pendant le mariage, le droit d'exproprier n'a pu naître qu'après, à la fin de la dotalité, mais nier qu'il ait pu naître en ce moment c'est ajouter à la défense de la loi, et lui faire dire : « Non-seulement la femme ne » peut aliéner et hypothéquer l'immeuble dotal, mais » même elle ne peut s'obliger pendant le mariage au-» delà de ce qu'elle a eu en paraphernal. » Refuser même après la dissolution du mariage, aux créanciers de la femme dont la créance a pris naissance pendant le mariage, le droit d'expropriation sur l'immeuble dotal, ce serait prolonger à perpétuité la dotalité de l'immeuble et violer la loi qui dit qu'à la dissolution du mariage l'immeuble rentre dans le droit commun.

Un créancier ayant droit à l'expropriation peut-il se contenter d'agir contre le mari ? Nous admettons qu'il doit aussi mettre la femme en cause. On nous opposera que le mari pouvant défendre seul à une action personnelle, c'est bien le cas d'agir contre le mari seul. Nous répondrons que le mari ne peut défendre seul à une action personnelle que lorsque cette action ne peut aboutir qu'à une condamnation, et que dans le cas dont nous parlons, le dénouement est une aliénation. Or, l'aliénation, volontaire ou non, ne peut provenir que de celui qui a la propriété ou de son représentant légal ayant pouvoir suffisant ; mais le mandat du mari ne s'étend pas jusqu'à l'aliénation du fonds dotal, et lorsque exceptionnellement cette aliénation est permise, c'est toujours la femme qui aliène. En effet, le 3° de l'art. 1558 dit que la femme peut, avec autorisation de justice, aliéner l'immeuble dotal pour payer ses dettes..... en réalité, quelle différence y a-t-il entre ce 3° et notre espèce ? Dans ce 3° la justice autorise la femme à vendre pour payer ; dans notre espèce, elle l'oblige à laisser vendre parce que les créanciers sont dans un cas où ils peuvent exiger la vente. Si c'est la femme qui doit figurer comme demanderesse, quand il dépend d'elle de vendre pour payer ses dettes, c'est aussi elle qui doit figurer comme défenderesse quand ses créanciers ont le droit de poursuivre l'expropriation.

On ne peut argumenter contre nous de ce que le mari peut défendre seul à une action réelle; car dans notre cas, la femme par l'expropriation est dépouillée de ce qui lui appartient, tandis que succombant à une action réelle, le mari laisse prendre à autrui ce qui appartenait à autrui.

La femme testant *durante matrimonio* peut-elle léguer son bien dotal? Certainement, car le testament n'a d'effet qu'à l'instant même de la mort, et à ce moment finit la dotalité.

CHAPITRE II.

Des Meubles.

Nous arrivons à la question tant débattue : la dot mobilière est-elle ou non aliénable avant et après la séparation de biens? Nous répondons affirmativement. Nous nous demanderons ensuite qui peut aliéner, et nous admettons que c'est seulement la femme.

En exposant ce système nous réfuterons à mesure qu'elles se présenteront, les principales objections que l'on peut y faire.

Posons d'abord les bases de notre raisonnement.

1° Art. 1554 : les immeubles constitués en dot ne peuvent être aliénés, etc..., donc par *à contrario* les meubles peuvent l'être.

2° Art. 1551 : si la dot ou partie de la dot consiste en objets mobiliers estimés, l'estimation vaut vente à moins de déclaration contraire. Le mari ne doit donc que l'estimation. De même, le mari acquiert les meubles fongibles, qui par leur nature rentrent dans la classe précédente. La femme reste donc propriétaire des meubles non estimés et de ceux estimés avec convention que l'aliénation ne vaut pas vente, et elle seule peut les aliéner.

3° Art. 1549 : Cependant le mari est administrateur, et cette qualité entraîne, dans certains cas, le pouvoir d'aliéner les meubles dotaux. Mais si le mari avait toujours ce pouvoir, ce serait une dérision d'appeler cela une administration. Ce mot ne resterait juste que quant aux immeubles, et cependant il s'applique bien aux meubles, puisque l'article le fait suivre d'exemples se rapportant à des choses mobilières (recevoir le remboursement des capitaux).

4° S'il y a séparation de biens, l'administration passe à la femme (art. 1563 et 1449), qui peut faire par conséquent tous les actes que comporte l'administration.

C'est là-dessus que nous allons argumenter.

Et d'abord, par *à contrario* de l'art. 1554, les meubles sont aliénables.

Erreur, nous dit-on, et pour plusieurs motifs : 1° Ce raisonnement serait juste s'il n'y avait que l'art. 1554 ; mais nous trouvons aussi les articles 1555 et 1556 qui disent que dans certains cas, la femme peut aliéner ses *biens* dotaux. Or, le mot *biens* comprenant tout aussi bien les meubles que les immeubles; le sens de ces articles est donc que si la femme peut dans certains cas aliéner ses meubles, c'est qu'en principe elle ne le peut pas.

Nous répondrons que c'est l'art. 1554 qui pose le principe de l'inaliénabilité; les articles 1555 et 1556 ne font qu'introduire des exceptions à ce principe. Par conséquent, pour savoir quels sont les *biens* que les articles 1555 et 1556 déclarent exceptionnellement aliénables, il faut savoir quels sont ceux que l'article 1554 a déclarés en principe inaliénables; or, ce sont les immeubles qui sont déclarés inaliénables par l'article 1554, donc les articles 1555 et 1556 ne peuvent déclarer aliénables que les *biens immeubles*. Le législateur a sans doute employé dans les articles 1555 et 1556 l'expression générale *biens* et non celle d'*immeubles*, pour qu'il ne soit pas possible de dire : « la loi permet à la femme » d'aliéner ses *immeubles* pour l'établissement de ses » enfants, donc elle ne peut pas pour le même motif » aliéner ses *meubles*. » Du reste, le système que nous combattons aboutirait à un résultat absurde, à l'inaliénabilité constante des meubles. En effet, puisque les auteurs de ce système vont chercher dans l'article 1555 l'inaliénabilité des meubles, ils sont bien obligés de reconnaître que cet article contient un principe, l'inaliénabilité mobilière; qu'ils nous montrent donc dans le Code une exception au principe de l'inaliénabilité mobilière contenue dans les articles 1555 et 1556, car enfin ils ne peuvent pas nous les citer comme faisant exception eux-mêmes à l'inaliénabilité mobilière. Serait-il possible que le législateur eût voulu dire dans les articles 1555 et 1556 : « J'ai posé dans l'article 1554 le principe de » l'inaliénabilité des immeubles, j'y fais exception en » faveur de l'établissement des enfants; quant aux meu» bles, je ne les ai pas encore déclarés inaliénables, » mais en disant que je permets de les aliéner pour l'éta» blissement des enfants, je montrerai bien que dans » tout autre cas je les déclare inaliénables? » Voilà la torture que les auteurs de ce beau système sont obligés d'infliger à la pensée du législateur, pour arriver à trouver *un seul cas* d'aliénabilité mobilière dans un recueil qui en contient *plusieurs* pour l'aliénabilité immobilière et où l'on trouve cependant les traces fréquentes de cet adage : *Vilis mobilium possessio* (art. 464 et 1422).

2° On nous oppose encore un argument tiré de l'ancien droit. Fût-il prouvé que la dot mobilière était inaliénable dans l'ancien droit, il ne serait pas démontré qu'il en fût de même sous l'empire du Code Napoléon. L'argument n'est donc pas satisfaisant. Mais voyons l'ancien droit.

Ainsi que nous l'avons dit en droit Romain, la dot mobilière était à Rome parfaitement aliénable. Le droit Romain établi en Gaule se dénatura peu à peu sous l'influence des invasions et il en résulta un droit mixte qui, en corrompant le droit Romain, rendit quelquefois son étude très-difficile et égara de bons esprits dans la recherche de ses principes. C'est ainsi que le Parlement de Paris a décidé au XVIIe siècle, que la dot mobilière était inaliénable « en vertu de la loi Julia. » On trouve dans les pays de droit écrit, régis par les principes du droit Romain, les contradictions les plus flagrantes : à Bordeaux, la dot mobilière est inaliénable, à Toulouse elle est aliénable. En présence de pareils faits on se demande quel peut être l'autorité de l'ancien droit et quelle influence il a pu exercer sur notre législation actuelle, dans une matière où il fourmille de contradictions. Aussi refusons-nous d'admettre ce raisonnement : « la dot mobilière » doit être inaliénable sous l'empire du Code Napoléon ; » elle ne peut être aliénable, parce que le régime dotal » a été puisé, par les rédacteurs de notre Code, dans le

» droit écrit qui la déclarait aliénable. » Ce raisonnement nous paraît faux : 1° parce qu'il n'est pas démontré que la dot mobilière fût universellement inaliénable dans les pays de droit écrit; 2° en présence des contradictions du droit écrit, nos rédacteurs ont dû remonter aux sources du droit écrit, le droit Romain, dont ils connaissaient parfaitement les principes et où ils n'ont pu trouver l'inaliénabilité de la dot mobilière.

Si l'on nous objectait encore qu'il n'est pas juste que la femme dotée en meubles ne fût pas aussi bien protégée que la femme dotée en immeubles, nous répondrions que nous avons à interpréter la loi et non à la mettre d'accord avec ce qui nous paraît juste, et que du reste l'inaliénabilité mobilière serait fort peu juste et fort peu sage, car elle enlèverait toute sécurité aux tiers dans les transmissions de meubles. L'inaliénabilité immobilière n'a pas le même inconvénient, les transmissions des immeubles étant moins fréquentes sont généralement entourées de précautions destinées à établir les titres de propriété. Les tiers-détenteurs de meubles dotaux déclarés inaliénables ne pourraient certainement pas se prévaloir de la maxime de l'article 2279 : « en fait de meubles » possession vaut titre. » En effet, le principe contenu dans cet article doit être traduit ainsi : « Celui qui a la » possession d'un meuble est censé avoir un juste titre » d'acquisition. » Or, si les meubles étaient inaliénables, un juste titre d'acquisition ne suffirait pas pour en conférer la propriété, il faudrait une permission exceptionnelle de la loi.

Dans le système que nous combattons, l'article 2279

est inapplicable aux meubles dotaux (l'imprescriptibilité est une conséquence de l'inaliénabilité) ; il l'est au contraire très-bien dans le nôtre.

On ne peut pas non plus, sous l'empire de notre Code, invoquer le brocard (*interest rei publicæ....*) car il était surtout une conséquence de la protection donnée à Rome aux seconds mariages, et notre législation se montre si ouvertement défavorable aux seconds mariages, qu'elle en frappe les femmes de certaines déchéances (art. 206, 395 et 399).

Ainsi, voici bien établi notre premier point ; les meubles dotaux sont aliénables.

Passons au deuxième : la femme en reste propriétaire, donc elle seule a le pouvoir de les aliéner.

Et d'abord, fixons-nous sur ce que l'on entend par meubles dotaux. Si les meubles sont constitués avec estimation, l'estimation en vaut vente, sauf stipulation contraire, et alors c'est l'estimation qui est dotale et non la chose estimée, celle-ci tombe dans la propriété du mari (1551) qui peut l'aliéner.

Si les meubles sont fongibles, ils rentrent dans la classe précédente, car ils portent leur estimation en eux-mêmes. Le mari étant usufruitier de la dot aura le quasi-usufruit des choses fongibles, ce qui emporte le droit de les aliéner (art. 583).

Tous ces meubles dont nous venons de parler peuvent être saisis par les créanciers du mari. Et ce n'est pas contradictoire avec ce que nous avons dit à ce sujet quant aux fruits naturels ou civils de l'immeuble dotal (ou quant aux intérêts des créances demeurées dotales, c'est-à-dire *res certæ*,) lesquels étaient *in specie* dans l'obligation de l'administrateur vis-a-vis du ménage, tandis qu'ici il s'agit d'une valeur, d'un *genus*, de sorte que l'obligation ne porte spécialement sur rien.

Les risques sont pour le mari, et la restitution n'en peut être exigée qu'un an après la dissolution du mariage (art. 1565).

Quels sont donc les meubles qui ne sont pas remplacés par une créance contre le mari ? Ce sont tous les meubles non estimés et tous ceux qui sont estimés avec stipulation que l'estimation n'en vaut pas vente. Puisque la femme en est propriétaire (art. 1551 *à contrario*), nul autre qu'elle ne peut les aliéner. Le mari, s'il vendait, vendrait la chose d'autrui, et une pareille vente est nulle (nous supposons toujours qu'elle n'est pas faite à titre d'administration). Il est du reste bien évident que la femme ne peut aliéner sans l'autorisation de son mari (art. 217 et *à fortiori* de l'art. 1576).

De là il découle que les immeubles de cette classe ne peuvent être saisis par les créanciers du mari, qu'ils sont aux risques et périls de la femme et qu'il y a lieu quant à la restitution d'appliquer l'article 1564.

On prétend prouver par l'ancienne jurisprudence et par le droit Romain, que le mari a seul le droit d'aliéner les meubles dotaux. S'il en était ainsi dans le droit Romain, c'est qu'à Rome le mari était *dominus dotis*. Chez nous il ne l'est plus, et le principe étant supprimé la conséquence tombe avec lui.

A ceux qui invoquent l'ancienne jurisprudence, nous répondrons que notre législateur puisant dans l'ancien droit l'idée du régime dotal, s'est bien gardé de vouloir laisser compléter les principes qu'il a posés par ceux de l'ancien droit. Au contraire, il a réglementé le régime dotal avec soin, et si par hasard quelque chose a été omis, il faut y suppléer avec les principes émis dans notre Code et non avec l'ancienne jurisprudence, qui est si peu claire sur ce sujet, ainsi que nous l'avons déjà dit. Du reste, de même qu'en droit Romain, si dans notre ancien droit le mari pouvait seul aliéner les meubles, c'est qu'il était *dominus dotis*. Or, comme il n'en est plus de même aujourd'hui (art. 1549 et 1562), il ne peut pas avoir conservé le droit d'aliénation.

Mais, dit-on, il a un mandat légal. Le mari a bien un mandat légal, mais voyons donc si ce mandat s'étend jusque-là.

Nous passons ici au troisième point de notre argumentation : le mari est administrateur (art. 1549) ; il a donc mandat de faire tous les actes d'administration, et par conséquent d'aliéner quand l'aliénation rentre dans l'administration.

Cela nous donne la solution de deux questions que nous traiterons incidemment. La première est celle de savoir si le mari peut transiger. La décision dépend de ce que contient la transaction. Elle est valable lorsqu'elle contient des concessions que le mari peut faire en vertu de ses pouvoirs d'administrateur, et nulle dans le cas contraire.

La seconde est de savoir si le mari peut compromettre sur les biens dotaux. Nous répondrons négativement. Voici comment nous raisonnons : Le mari est mandataire légal de la femme; or (article 1989), le pouvoir de transiger donné par mandat ne renferme pas celui de compromettre, et cependant il s'agit là d'un mandataire que le mandant a pu choisir, donc, le mari qui est un mandataire imposé à la femme, ne peut faire ce que l'autre ne pourrait faire. Peut-être dira-t-on que le seul fait du mariage constitue de la part de la femme un choix tacite du mari comme mandataire. J'admets le choix, mais dans tous les cas, le mari mandataire légal de la femme n'aura pas plus de pouvoir que le mandataire dont parle l'article 1989. Le mari, il est vrai, a des pouvoirs plus étendus que le mandataire ordinaire, mais la loi a su indiquer les cas dans lesquels elle étend ses pouvoirs au-delà des limites du mandat ordinaire, nulle part nous ne voyons le pouvoir de compromettre conféré au mari. Il est cependant bien certain que le pouvoir de compromettre ne fait pas partie du mandat ordinaire et qu'il doit être expressément conféré.

Le mari, avons-nous dit, a plus de pouvoirs qu'un administrateur. Il a l'usufruit, voilà tout, car la loi s'expliquant expressément quant à la jouissance ne procéderait pas par sous-entendu quant au droit si important de disposition ; c'est pourquoi refusant de déroger au droit commun établi par l'article 1599, nous disons que le mari ne peut aliéner les biens dotaux puisqu'ils appartiennent à la femme.

Mais puisque le mari peut poursuivre et recevoir le remboursement des capitaux, est-ce qu'il ne dispose pas de la créance et ne l'éteint pas même en la faisant payer? Il reçoit l'argent, le donne en prêt à son nom, l'argent étant devenu sien par le paiement, et puis il cède sa créance contre son emprunteur : bien sûr il le peut. Or, quelle différence y a-t-il entre ce cas et celui où il céderait une créance de sa femme? et, s'il peut céder les créances, *à fortiori* les autres meubles. — En effet, il semble au premier abord que cela revienne au même. Dans le premier cas, le mari reçoit de l'argent et le reprête ; dans le second cas, on dit qu'il est censé l'avoir reçu et reprêté. Nous n'oserons jamais admettre une pareille fiction quand elle ne sera pas écrite dans la loi. On prétend qu'elle abrègerait seulement les opérations ; elle ferait plus, elle les dénaturerait. Distinguons les deux cas.

Dans le premier cas, le mari a reçu en dot une créance, un objet certain par conséquent. Mais il est administrateur et par suite capable de tout ce qui est un acte d'administration, fût-ce une modification ou même une extinction de la créance : vendre des valeurs côtées à la Bourse pour en acheter d'autres et surtout se faire payer. Or, qu'est-ce qui arrive par le paiement par exemple ? Il se trouve que la *species* disparaît ; elle est remplacée par une chose fongible, les écus qui ont été payés au mari. Cette chose fongible devient donc sa propriété, donc s'il la prête, il prête sa chose, et il peut céder sa créance contre son emprunteur. De là, le mari étant débiteur d'une quantité, on appliquera toutes les règles propres aux meubles fongibles par estimation ou par nature. La femme et les constituants ont dû s'attendre à ces effets du paiement, dénouement le plus naturel et le plus heureux qu'on pût prévoir.

Dans le deuxième cas, le mari ne se borne pas à recevoir le remboursement des capitaux, comme l'art. 1549 lui en concède le droit, il cède la créance, la chose d'autrui. Outre que le permettre, c'est violer l'art. 1599. C'est aussi laisser la femme à la merci du mari qui pourra, n'étant pas solvable, se substituer à des créanciers solvables. Nous ne pouvons accepter cela, nous maintenons que les deux cas ne peuvent être confondus, et nous le maintenons surtout en vue des conséquences que la logique impose aux partisans de l'autre opinion. Parcourons-en quelques-unes.

Partant de cette idée que le mari pouvant disposer des deniers peut aussi disposer des créances, on en vient à décider ce qui suit : 1° il peut compenser ce qu'il doit avec ce qui est dû à sa femme. N'est-ce pas dire le contraire de ce que dit l'article 1289, qui exige la réunion sur la même tête des qualités de créancier et de débiteur? le mari n'est pas créancier. Voici l'expédient que l'on imagine : le mari et la femme ne font qu'un, et le mari peut être réputé créancier puisque la femme l'est. Il est faux que le mari et la femme ne fassent qu'un *dans leurs rapports pécuniaires*. Cette confusion n'existe point ; ils sont deux, surtout quand il s'agit d'argent.

Insistons un peu sur ce cas de la compensation. La compensation est un paiement fictif; or, le mari peut recevoir un paiement réel, donc, dit-on, il peut recevoir un paiement fictif. On oublie que le paiement fictif a sa base dans l'intention présumée des parties. Paul doit 100 à Pierre; Pierre doit 100 à Paul; il y aura compensation, parce qu'il y a là une chose dont chacune des parties est en même temps débitrice et créancière, l'une envers l'autre, et dans des conditions telles que c'est bien comme s'il y avait eu un paiement réel, car chacun perd en actif ce dont il se libère en passif, et s'il est tenu quitte, c'est à ses propres dépens. Mais la loi n'a jamais entendu permettre à des débiteurs réciproques de se payer fictivement avec le bien d'autrui, ni fictivement ni réellement. Et nous dirons que si le mari peut recevoir un paiement réel, c'est comme faisant les affaires de sa femme; or, s'il pouvait recevoir le paiement fictif en question, ce serait les siennes qu'il ferait. Mais, dit-on, le mari pourrait donner en paiement à son propre créancier ce que celui-ci lui aurait payé comme débiteur de sa femme ; or, il y a lieu à compensation, toutes les fois que l'un peut pour se libérer rendre au payeur ce qu'il en a reçu. Il n'y a là qu'une pétition de principe; car, si le mari peut pour se libérer envers son créancier, lui rendre ce qu'il en a reçu pour sa femme, c'est que par le paiement il est devenu propriétaire des espèces en qualité de quasi-usufruitier, donc il a donné sa chose. Mais aurait-il pu disposer de la *species* qui n'était pas sienne? c'est là la question. Il y a lieu à compensation toutes les fois que l'un peut pour se libérer rendre au payeur ce qu'il en a reçu à titre de créancier de ce payeur (art. 1289); et le mari ne reçoit qu'à titre de mandataire de la femme créancière.

Mais le mari pouvant payer ses dettes avec l'argent reçu du débiteur de sa femme, pourquoi imposer ce double paiement lorsque la compensation pouvait opérer seule ? Parce que la femme y a un très-grand intérêt, parce qu'il ne faut pas subordonner le sort de ses créances à l'existence des dettes que son mari pourrait contracter envers ses débiteurs à elle.

Si la compensation était permise dans l'espèce, la créance de la femme serait éteinte le plein droit dès qu'existerait la dette du mari. Dans notre système, au contraire, tant qu'il n'y a pas eu paiement, peu importe que le mari soit devenu débiteur du débiteur de sa femme, celle-ci conserve sa créance. Supposons la séparation de biens prononcée et le mari insolvable; dans le système que nous combattons elle aura pour débiteur son mari insolvable, et dans le nôtre elle aura le tiers pour débiteur.

2° Le mari pourra donner la créance de sa femme. Mais non ; la qualité d'administrateur n'entraîne pas pour le mari le droit de gaspiller la dot. Il est simplement chargé de conserver et d'améliorer.

Disons deux mots du système qui accorde le pouvoir d'aliéner tant au mari qu'à la femme. Il l'accorde au mari par les raisons que nous avons combattues en réfutant le précédent système; à la femme, sous prétexte que le droit actuel a introduit cette innovation. Ce système a le défaut d'adopter des principes qui se contrarient.

Passons enfin à notre quatrième point. Après la séparation de biens, l'administration passe à la femme (art. 1563 et 1449) qui cesse dès lors d'être incapable, et qui a (ce qui manquait au mari) le pouvoir d'aliéner, conséquence de la qualité de propriétaire. Il y a donc en elle la réunion de deux personnes, l'administrateur et le maître.

A cela on répond : la femme ne peut avant la séparation aliéner les meubles dotaux (nous avons prouvé le contraire), le mari seul le peut (erreur aussi démontrée); or, le mari ayant perdu ce pouvoir par la séparation de biens, il n'y a plus personne qui soit capable d'aliéner. La jurisprudence qui a adopté ce système, admet cependant que le mari peut avant la séparation de biens aliéner comme *administrateur* la dot mobilière; or si le mari peut aliéner comme *administrateur*, est-ce que la femme ne pourra pas après la séparation aliéner elle aussi, puisqu'elle réunit les deux qualités d'*administrateur* et de *propriétaire?* Pour qu'il en fût autrement, il faudrait que la séparation de biens créât l'inaliénabilité.

En résumé, la dot mobilière est aliénable par la femme seulement, autant avant qu'après la séparation de biens. Les créanciers du mari ne peuvent saisir les meubles dotaux; ils ne peuvent compenser avec ce qu'il leur doit ce qu'ils doivent à la femme. Si le mari a voulu aliéner en dehors de son droit d'administrer, il n'y a pas aliénation; mais si les tiers possèdent avec bonne foi et juste titre, ils pourront invoquer l'article 2279, parce que les meubles dotaux étant aliénables sont prescriptibles, à moins qu'ils ne soient de ceux auxquels l'art. 2279 est inapplicable; dans ce cas la femme pourrait les revendiquer s'ils avaient été livrés. Si la femme emprunte avec l'autorisation du mari, le créancier pourra saisir les meubles dotaux. Enfin, la femme pourra, au profit d'un créancier du mari, renoncer à l'hypothèque qui garantit la restitution de sa dot.

Sur cette dernière conséquence il y a divergence d'opinions chez ceux-mêmes qui admettent l'aliénabilité des meubles. Cela est assez extraordinaire, car : *mobile est quod tendit ad mobile*. L'hypothèque garantissant la dot mobilière, doit être forcément considérée comme mobilière.

CHAPITRE III.

Sanction de l'Inaliénabilité.

Nous savons que l'immeuble dotal est inaliénable. Passons à l'application de cette règle.

Supposons donc une aliénation consentie au mépris de l'art. 1554 ; ou elle a été exécutée, ou elle ne l'a pas été. Si elle n'a pas été exécutée, une simple fin de non-recevoir, basée sur l'inaliénabilité du bien réclamé, suffira au mari avant la séparation de biens, à la femme ou à ses héritiers après la séparation ou la dissolution du mariage.

Si au contraire il y a eu exécution de l'aliénation, il faut recourir à l'action en nullité dont parle l'art. 1560. Reprenons ici successivement les quatre hypothèses dont nous avons parlé au sujet de l'art. 1554.

§ 1. — Le possesseur tient l'immeuble du mari.

Le mari n'est point propriétaire, il a donc fait une vente nulle. Il suit de là que la femme conserve autant de droit que si le mari n'avait rien fait; et par conséquent elle peut revendiquer, après la séparation de biens bien entendu, car jusque-là c'est le mari seul qui le peut.

Bon nombre d'auteurs sont d'un avis contraire sur la nature de l'action qui compète à la femme dans le cas de vente du bien par le mari. La première rédaction de l'art. 1560, disent-ils, portait que l'aliénation était radicalement nulle ; or, le tribunal fit remplacer ces mots par les suivants : « La femme ou ses héritiers pourront faire révoquer l'aliénation », ce qui indique bien une action en nullité et nullement une revendication ; et comme le texte ne distingue pas entre la vente faite par le mari et la vente faite par la femme, il est bien clair qu'il s'applique indifféremment à l'un et à l'autre cas.

Nous allons réfuter ce système. L'article, disons-nous, portait d'abord que l'aliénation de l'immeuble dotal était radicalement nulle, et il ne distinguait pas, notons cela. L'aliénation serait-elle donc radicalement nulle même au cas où c'est la femme, c'est-à-dire le propriétaire qui l'a consentie? Une telle décision pouvait résulter des termes de cet article, et on le rectifia ainsi : « La femme ou ses héritiers pourront faire révoquer l'aliénation. » Qu'est-ce que cela prouve? que les rédacteurs ont voulu mettre cette décision en harmonie avec notre corps de droit. Les partisans de l'opinion contraire y voient que dans notre espèce la vente de la chose d'autrui est imparfaite au lieu d'être nulle. Nous ne pouvons croire que le législateur qui n'a pas voulu heurter le droit commun quand l'aliénation procède de la femme, l'ait heurté quand elle procède du mari. Aussi persistons-nous à accorder à la femme une action en revendication.

La vente étant nulle pour toute partie intéressée à ce qu'elle le soit, puisque l'art. 1599 ne distingue pas, le tiers-possesseur peut la faire résoudre ; les créanciers du mari le peuvent aussi quand ils y ont intérêt. Cela nous fournit la solution d'une question vivement controversée.

Supposons que les biens du mari soient vendus à la requête de ses créanciers; un ordre est ouvert; la femme séparée peut-elle se faire colloquer au rang que lui assigne la loi, pour, le prix de son immeuble être mis en réserve jusqu'à la dissolution du mariage, moment où définitivement elle se décidera pour le maintien de la vente ou pour la revendication. Nous ne pouvons répondre que par un développement et nullement par un oui ou par un non absolu.

La femme a une hypothèque sur les biens de son mari pour le prix de son immeuble vendu; elle peut donc agir hypothécairement et se faire colloquer, c'est-à-dire être cause peut-être que les créanciers qu'elle prime perdront leur créance en tout ou en partie. De plus, il lui est permis, pour attaquer la vente, d'attendre les dix ans qui suivent la dissolution du mariage. Pourrait-elle retarder son action si on décidait qu'elle ne peut se faire colloquer? non; car sans cette collocation tout l'actif du mari (s'il couvrait à peine le passif) pourrait être absorbé irrévocablement par les autres créanciers, et la femme pour ne point perdre serait dans la nécessité d'agir immédiatement. Maintenons donc que la femme peut provisoirement se faire colloquer à son rang.

Mais il est une autre chose qui ne nous paraît pas moins certaine, c'est que les créanciers hypothécaires primés par la femme peuvent faire effacer la collocation de la femme en faisant constater judiciairement la nullité de la vente. La déclaration de cette nullité fera disparaître la créance de la femme. Il est bien vrai que le tiers évincé aura contre le mari un recours en garantie qui diminuera son actif, mais il n'aura que le titre de créancier chirographaire qui ne nuira pas aux créanciers hypothécaires. Ceux-ci ayant un intérêt évident pourront donc, comme tout intéressé provoquer la nullité, et la femme ne conservera son hypothèque que pour la valeur du dommage que son immeuble a pu éprouver.

En résumé, la femme peut se faire colloquer; et les créanciers auxquels cette collocation serait préjudiciable peuvent la rendre inutile en faisant reconnaître la nullité de la vente.

Ceux qui, méconnaissant le droit hypothécaire de la femme, décident qu'elle ne peut se faire colloquer, la sacrifient aux créanciers. Ceux qui admettent qu'elle le peut mais que les créanciers sont obligés de subir la collocation, font de la nullité absolue de la vente une nullité relative.

Le possesseur tenant l'immeuble *à non domino* ne peut prescrire qu'acquisitivement par dix ou vingt ans ou par trente ans, selon les cas (art. 2262 et 2265). Par conséquent, il faudra que la possession ait les caractères exigés par l'art. 2229, et qu'elle n'ait point pour objet une chose imprescriptible acquisitivement comme une servitude discontinue ou non apparente.

Le point de départ de la prescription est la dissolution du mariage (art. 2255 et 56). Nous ferons remarquer en passant que le 2° de l'art. 2256 n'est pas entièrement conforme au principe posé dans l'art. 2255 : « la prescription ne court pas entre époux. » En effet, l'art. 2253 ne distingue pas entre le mari et la femme ; l'un, quel qu'il soit, ne doit pas être victime de l'influence de l'autre.

Pothier admettait que la femme pouvait prescrire contre son mari, bien que celui-ci ne pût prescrire contre elle, et cette opinion contraire à l'art. 2253 semble avoir prévalu dans le 2° de l'art. 2256. En effet, d'après cette dernière disposition, les tiers ne prescriront pas avant la dissolution du mariage contre la femme dont le mari aurait vendu le bien ; mais si la femme vend le bien de son mari en se faisant passer pour veuve et propriétaire, le tiers-possesseur prescrira parfaitement. C'est donc uniquement la femme qui est censée subir l'influence de son conjoint et ne pas oser agir avant la dissolution du mariage. Le mari n'est-il donc pas tout aussi bien dans l'impossibilité morale d'intenter une action qui nuirait à sa femme ?

§ 2. — Le possesseur tient l'immeuble de la femme non autorisée.

Dans ce second cas l'aliénation n'est qu'annulable ; elle émane en effet du propriétaire, mais du propriétaire incapable. La femme est incapable à deux titres : comme non autorisée et comme liée par la dotalité. Nous n'avons pas à nous occuper du second de ces empêchements ; le premier suffit puisque la femme ne peut sans autorisation aliéner même un paraphernal. Le caractère de la dotalité n'ajoute donc rien à l'obstacle de l'incapacité proprement dite, aussi nous en ferons abstraction et nous dirons :

L'acte est annulable et le droit de révocation est personnel à la femme ou à ses ayants-cause, à moins que la femme n'ait agi en fraude de ses créanciers, auquel cas ces derniers peuvent aussi provoquer la nullité. Quant au tiers-acquéreur, il ne le peut point, le vice n'existe que par rapport à la femme.

L'action qui résulte de cette incapacité étant personnelle, la prescription est libératoire et non acquisitive, peu importe donc que le tiers-acquéreur possède ou non conformément à l'art. 2229, peu importe aussi que la chose soit imprescriptible acquisitivement ; en effet la propriété a été transmise, le tiers n'a donc pas à la prescrire puisqu'il l'a. Mais cette propriété acquise est révocable, et c'est contre cette révocabilité que le tiers prescrit ; il se libère d'une action en nullité.

La prescription est de dix ans et ne court qu'à dater de la dissolution du mariage (art. 1304).

§ 3. — Le possesseur tient l'immeuble de la femme autorisée du mari.

Dans le premier cas, l'aliénation était radicalement nulle parce que le mari vendeur n'était pas propriétaire ; dans le deuxième, elle était rescindable parce que la femme n'avait pas été autorisée; dans le troisième enfin la dotalité est le seul obstacle.

En effet, la femme est autorisée par le mari; l'aliénation est donc faite par le propriétaire ayant toute la capacité dont il est susceptible; mais il y a la dotalité qui rend l'aliénation rescindable relativement comme dans le cas précédent.

La prescription est aussi libératoire. Son point de départ sera encore la dissolution du mariage, à moins qu'il n'y ait séparation de biens, car dans ce cas le caractère de dotalité qui faisait seul obstacle disparaît (art. 1561).

La jurisprudence et beaucoup d'auteurs refusent d'accepter cette décision. L'art. 1560, disent-ils, règle le point de départ de la prescription dans nos hypothèses, et dit formellement qu'aucune prescription ne peut courir contre la femme ou ses héritiers pendant le mariage; or, bien qu'il y ait séparation de biens, il n'y en a pas moins mariage.

Nous repoussons ce raisonnement, voici pourquoi. Quand on rédigea l'art. 1560 on n'admettait pas encore que la prescription dans le cas d'aliénation de l'immeuble dotal pût jamais commencer à la séparation de biens. Mais on abandonna ce système dans l'art. 1561, et en conséquence on inséra dans l'art. 1560 les mots suivants: « La femme aura le même droit (celui de faire révoquer) » après la séparation de biens. » On suppose donc qu'il n'y a point eu séparation de biens. Dès lors quel argument peut-on tirer de ces termes : « aucune prescription ne pourra courir pendant le mariage contre l'action en révocation, » puisqu'ils ne visent que les cas où il n'y aurait pas eu séparation de biens? Le sens du texte est celui-ci : la femme ou ses héritiers peuvent faire révoquer l'aliénation après la dissolution du mariage sans qu'on puisse leur opposer aucune prescription qui aurait pu courir pendant la durée du mariage, à moins qu'il n'y ait eu séparation de biens, la femme pouvant provoquer la nullité dès ce moment.

Soit, dit-on, la femme peut agir dès la séparation, mais qu'importe? L'art. 2256 dans son 2° nous permet de retarder la prescription, car nous nous trouvons dans un cas où l'action de la femme réfléchirait contre le mari. Si cela était, nous n'aurions rien à répondre; mais voyons comment on prétend établir cette assertion.

Lorsqu'il y a séparation de biens, dit-on, le mari est garant du défaut d'emploi ou de remploi, si la vente a été faite en sa présence et de son consentement (art. 1450); *à fortiori* doit-il en être de même sous le régime dotal où la responsabilité du mari est autrement grande que sous celui de la séparation de biens. En conséquence on ajoute : le mari étant présumé avoir touché le prix d'acquisition, le tiers évincé par la femme s'en prendra à lui ; donc l'action de la femme réfléchirait contre le mari; donc la prescription ne peut courir qu'à partir de la dissolution du mariage.

Il y a là une erreur profonde : la présomption établie

par l'art. 1450 est très-vraie, mais entre époux seulement, et elle ne concerne pas les tiers, de sorte qu'elle ne donne pas du tout à l'acheteur le droit d'agir contre le mari,

Disons donc que dans notre espèce, la prescription de l'action en nullité date de la séparation de biens. Cela résulte de la combinaison des art. 1560 et 1561. Nous devons remarquer que cette combinaison contrarie un peu l'art. 1554, en permettant à la femme, dans le cas de séparation, de ratifier par le laps de temps avant la dissolution du mariage ce qu'elle ne pourrait pas expressément ratifier.

§ 4. — Le possesseur tient l'immeuble de la femme autorisée de justice.

On se demandera peut-être comment il peut se faire que la justice autorise une aliénation, dans des cas où cette aliénation est prohibée (ce que nous supposons toujours). Voici l'espèce : il se pourrait que la justice eût été trompée, que la femme se fût fait passer pour veuve, etc.... La dotalité sera encore ici le seul obstacle à l'aliénation, et en conséquence il en est de l'action en nullité, de la nature de la durée et du point de départ de la prescription, absolument comme dans le précédent paragraphe.

En résumé pour nos quatre hypothèses :

Trois causes d'action sont possibles : la non-propriété du mari, l'incapacité proprement dite de la femme, la dotalité. Trois causes peuvent suspendre la prescription : la réflexion possible contre le mari de l'action de la femme, l'incapacité de la femme (ces deux premières jusqu'à la dissolution du mariage), la dotalité (jusqu'à la séparation de biens).

Quand la vente émane du mari, elle est nulle à l'égard des deux parties ; la prescription est acquisitive et part de la dissolution du mariage. Quand la vente émane de la femme autorisée, soit par le mari, soit par la justice, elle est rescindable, mais à cause seulement de la dotalité ; la prescription est libératoire et court dès la séparation de biens, puisqu'il n'y a ici aucune des deux causes qui la retardent jusqu'à la dissolution du mariage : le défaut d'autorisation et la réflexion de l'action contre le mari.

§ 5. — Questions générales.

Nous connaissons les différents cas qui peuvent se présenter et les particularités de chacun d'eux ; abordons maintenant les questions les moins spéciales de la matière.

L'aliénation de l'immeuble dotal, peut-elle servir de base à un cautionnement ? Oui, pour tous les cas.

Supposons que le mari a vendu. Il n'était, dit-on, ni propriétaire, ni mandataire pour aliéner; donc il a fait un acte nul et l'on ne peut cautionner ce qui n'existe pas. Cela est vrai; mais quand le mari n'a pas déclaré dans le contrat que l'immeuble était dotal, quelque chose existe, c'est l'obligation conditionnelle à des dommages-intérêts pour le cas où le tiers serait évincé. L'acte est nul quant au transport de propriété, mais ce qui existe en lui et ce qui peut être cautionné en lui c'est le danger d'une condamnation à des dommages-intérêts.

Nous disons *à fortiori* que l'aliénation émanant de la femme même non autorisée peut être cautionnée. On objecte que si la femme fait révoquer cette aliénation, elle se trouvera, en vertu de l'effet rétroactif du jugement, avoir été nulle *ab initio*.

S'il est vrai qu'on ne puisse cautionner qu'une obligation existante, il est faux de dire que l'obligation de la femme est inexistante par suite de la rétroactivité du jugement. En effet, on peut cautionner, dit l'art. 2012, une obligation qui peut être annulée par une exception personnelle à l'obligé; et cela parce qu'il est dans l'intention des parties de cautionner précisément contre l'annulabilité de l'acte. Cette disposition n'est pas un caprice de la loi, car l'acte révoqué par suite d'une exception personnelle n'est révoqué que civilement. L'obligation naturelle survit, tellement que lorsque le mineur exécute une obligation qu'il a fait rescinder, il est réputé non faire une libéralité, mais payer une dette (art. 1235).

Pothier cite comme exemple d'obligation naturelle le

cas du mineur et non celui de la femme. De son temps, en effet, l'incapacité de la femme engendrait une nullité absolue. L'acte pouvait être attaqué par le tiers aussi bien que par la femme, de sorte qu'il était nul naturellement. Aujourd'hui au contraire, l'acte valable quant aux tiers n'est rescindable que de la part de la femme. Il reste donc une obligation naturelle qui peut être cautionnée.

L'aliénation de l'immeuble dotal, peut-elle être ratifiée? Non, si c'est le mari qui a vendu, oui, si c'est la femme. La femme peut cependant exécuter la vente faite par le mari, de sorte qu'il semble que cela équivaut à la ratification d'une vente consentie par la femme elle-même. Il est cependant entre les deux cas des différences que nous allons signaler.

Quand c'est la femme qui a vendu, de son côté seulement peut venir l'infirmation ou le maintien de la vente. Elle a seule la faculté de détruire; en n'en usant pas, elle ratifie tacitement. Elle peut aussi s'interdire cette faculté en ratifiant expressément. L'aliénation est existante avec possibilité de révocation.

Au contraire, quand c'est le mari qui a vendu, l'aliénation est inexistante, mais il y a possibilité qu'elle soit de nouveau et valablement consentie; aussi la réunion des deux volontés, celle de l'acheteur et celle de la femme, est-elle nécessaire.

De là, la conséquence suivante que nous allons expliquer en nous aidant d'une espèce : Le tiers-possesseur a consenti une hypothèque à *Primus*, la femme devenue capable renonce à invoquer la nullité de la vente; elle ratifie pour ainsi dire. Cela fait, le tiers consent une hypothèque à *Secundus*. Il y a donc une hypothèque qui est antérieure à la ratification et une autre qui lui est postérieure. *Primus* ne pourra pas opposer son hypothèque à *Secundus* si la vente émanait du mari, il le pourra si elle émanait de la femme.

De plus, si la vente provenait du mari, la femme qui l'aurait exécutée par erreur, la croyant obligatoire, peut revenir sur son exécution. En effet, cette exécution ne lie la femme qu'en tant qu'elle peut être considérée comme un contrat nouveau; or, ici elle ne constitue pas ce contrat nouveau, puisque la femme croyant le premier contrat valable et n'ayant que l'intention de s'y soumettre, ne peut être dite avoir songé à en former un second. Si au contraire, la vente provient de la femme, celle-ci ratifiant lorsqu'elle est devenue capable, complète le consentement imparfait qu'elle avait donné dans l'origine, et peu importe qu'elle ratifie par erreur, car l'erreur n'est pas, dans notre droit, une cause de rescision.

Les créanciers chirographaires de la femme qui auraient le droit de faire exproprier l'immeuble s'il n'avait pas été aliéné, peuvent-ils exercer du chef de la femme l'action révocatoire? Nous faisons une distinction.

Si c'est le mari qui a vendu, on doit admettre que les créanciers chirographaires pourront agir en révocation, car la vente est nulle et non pas annulable, dès lors tout intéressé peut en faire constater l'inexistence.

Si au contraire, c'est la femme qui a vendu, le droit de faire révoquer lui est purement personnel. L'inaliénabilité est pour les créanciers non avenue, parce qu'elle résulte d'un pacte privé. Nous pensons donc que les créanciers chirographaires peuvent être écartés en vertu de l'art. 1166, sauf le cas de l'art. 1167.

Ce fait que l'aliénabilité dotale est par rapport aux tiers *res inter alios acta*, vient à l'appui de l'opinion que nous avons émise sur la question de savoir si le mari autorisant la vente du bien dotal, est ou non soumis à garantie. Nous persistons dans la négative que nous fortifions de cette raison nouvelle : ce n'est ni contre les tiers, ni en leur faveur qu'on a établi l'inaliénabilité. Notre système est, du reste, parfaitement en harmonie avec l'art. 1560 dont le 2° dit : « Le mari demeure sujet à des dommages-intérêts, s'il n'a pas déclaré dans le contrat que le bien était dotal. » C'est donc lui qui est partie contractante, c'est donc lui qui est vendeur, puisque c'était à lui de déclarer dans l'acte que l'immeuble était dotal.

On prétend cependant que le mari qui a autorisé la vente de l'immeuble dotal doit être soumis à la garantie sous le prétexte qu'en autorisant la femme à vendre un bien dotal, il a autorisé un acte défendu, et qu'il est plus coupable que s'il avait autorisé un acte permis, par exemple, la vente d'un paraphernal, qu'il croyait appartenir à sa femme, parce que dans ce cas la femme elle-même serait soumise à garantie. Nous répondrons que si le législateur a fait en faveur de la femme qui vend son immeuble dotal exception à la règle que le vendeur est garant de l'éviction, il ne s'en suit pas cependant qu'il ait voulu néanmoins protéger l'acquéreur et à défaut de la femme lui donner le mari pour garant.

La femme qui peut évincer quoique venderesse, peut-elle, renonçant à cette faveur, s'engager expressément à garantir la vente qu'elle consent ? Non certainement, car son action en révocation serait ainsi anéantie (*quem de evictione tenet actio, eumdem agentem repellit actio*). La garantie n'enlevât-elle pas directement à la femme son action en révocation, nous dirions encore qu'elle la met dans l'impossibilité de s'en servir, car elle s'exposerait à des dommages-intérêts qui pourraient lui être plus nuisibles que ne lui avait été utile son action en révocation.

L'art. 1560 dit que : « le mari pourra faire révoquer l'aliénation pendant le mariage » ; l'article devrait dire *avant la séparation*, car c'est alors seulement que le mari peut exercer les actions de la femme. L'article poursuit : « Le mari peut agir en demeurant néanmoins sujet aux dommages-intérêts envers l'acheteur, s'il n'a pas déclaré dans le contrat que le bien vendu était dotal. » Il y a ici dans le mari deux qualités bien distinctes : vendeur et mandataire. Sa qualité de vendeur le soumet à la garantie, mais sa qualité de mandataire lui permet d'agir, de sorte que la règle : *quem de evictione*... est mise à néant.

Le mari encourt cette garantie s'il n'a pas déclaré dans le contrat que le bien vendu était dotal. Est-il certain que l'indemnité sera due si le mari n'a pas fait cette déclaration ? On n'est pas d'accord sur ce point. L'article dit : « le mari *sera sujet...* » On prétend discuter sur le sens grammatical de ces mots. Le mari *sera sujet*, dit-on, ne signifie pas *le mari est tenu*, mais bien *sera sujet à être tenu, pourra être tenu*. Les juges auraient ainsi un pouvoir discrétionnaire. Mais il est bien évident que la précision des expressions « *s'il n'a pas déclaré dans le contrat que le bien vendu était dotal* » qui ont remplacé les termes plus élastiques du projet de loi : « *pourvu que l'acheteur ait déclaré* », montrent suffisamment chez le législateur l'intention bien formelle d'indiquer aux juges un cas où ils *doivent* condamner. Le législateur, par la modification du texte, interdit les contestations sur le fait de l'ignorance de l'acheteur. Nous pensons donc que le sens de la loi est celui-ci : le mari *est tenu* de dommages-intérêts s'il n'a pas fait la déclaration exigée. Nous apportons cependant un certain tempérament à cette rigueur de la loi ; voici lequel. La loi a voulu éviter les questions de fait, source de procès et de fraudes ; donc toutes les fois qu'il n'y aura pas une évidence impossible à méconnaître, la preuve ne pourra en être permise, mais lorsque il y aura de ces faits, qui matériellement vérifiés portent en eux-mêmes la preuve toute faite, cela équivaudra à la déclaration dont parle l'art. 1560. Nous citerons comme exemple le cas où l'acheteur du bien dotal aurait contribué à la rédaction du contrat de mariage.

Dans tous les cas, il ne peut être agi en révocation qu'à charge de remboursement au tiers évincé, de ce dont la femme a profité sur le prix de vente (art. 1312). La femme ne doit pas bénéficier aux dépens des tiers, il suffit qu'elle ne perde pas.

CHAPITRE IV.

Quelles sont les exceptions à l'inaliénabilité.

La règle de l'inaliénabilité dotale n'est pas absolue, il y est fait des exceptions que nous pouvons diviser en légales et conventionnelles.

§ I. — Exceptions légales.

Il ne peut y avoir lieu à ces exceptions qu'en l'absence de paraphernaux suffisants. Il faut aussi qu'il n'y ait pas de dot mobilière, car elle devrait être sacrifiée avant la dot immobilière. En un mot, pour pouvoir invoquer une exception légale à l'inaliénabilité dotale, il faut que la femme n'ait rien autre chose que son immeuble dotal.

Le législateur a pensé avec raison que l'aliénation est quelquefois nécessaire. Cette nécessité, il la reconnait lorsqu'elle vient non pas d'un intérêt étranger et supérieur à celui de la famille (cela est un cas à part, l'expropriation), mais de l'intérêt même de la famille. C'est pour elle et non contre elle qu'a été établie l'inaliénabilité.

Nous trouvons dans les art. 1555-56-58 et 59 la détermination limitative des exceptions motivées par la considération que nous venons d'émettre.

1° La femme peut avec l'autorisation de son mari, ou sur son refus avec permission de justice, donner ses biens dotaux pour l'établissement des enfants qu'elle aurait eus d'un mariage antérieur; mais si elle n'est autorisée que par justice, elle doit réserver la jouissance à son mari.

Que la femme donne son bien, ou qu'elle le vende pour en donner le prix, c'est tout un. Il n'y a pas non plus à distinguer s'il s'agit d'un établissement par mariage ou de tout autre.

2° « La femme peut aussi, avec l'autorisation de son mari, donner ses biens pour l'établissement de leurs enfants communs. »

On a soulevé une controverse sur cet article 1556. On a soutenu que la femme pouvait donner ses biens dotaux pour l'établissement des enfants communs, même sans l'autorisation du mari, pourvu qu'il y eût celle de la justice. Cette interprétation nous paraît être contraire au texte et à la raison. En effet, pour l'établissement d'enfants issus d'un mariage antérieur, l'art. 1555 nous dit que la femme peut donner avec l'autorisation du mari et sur son refus avec celle de la justice; pour l'établissement d'enfants communs l'article 1556 nous dit, au contraire, que la femme peut donner avec autorisation du mari, il n'est plus question de l'autorisation de la justice. Evidemment les deux cas sont opposés l'un à l'autre, et cela paraît fort raisonnable. Car l'affection du mari pour les enfants issus d'un précédent mariage pouvant paraître suspecte, il était sage de ne pas lui laisser le pouvoir de s'opposer par un *veto* à leur établissement, et de permettre à la femme d'avoir recours à la justice pour vaincre l'obstacle que suscitait la mauvaise volonté du mari. Quand il s'agit de ses propres enfants, le mari ne peut pas être l'objet d'une telle défiance.

3° « L'immeuble dotal peut être aliéné avec permission de justice et aux enchères, après trois affiches, pour tirer de prison le mari ou la femme. »

L'intérêt du mari ou de la femme est supérieur à l'intérêt de la dot, car ce n'est qu'en vue de la famille que la dot est si soigneusement ménagée.

4° « De même, pour fournir des aliments à la famille, dans les cas prévus par les art. 203-205 et 206; »

5° « De même, pour payer les dettes de la femme ou de ceux qui ont constitué la dot, lorsque ces dettes ont une date certaine antérieure au contrat de mariage. »

C'est dans ce dernier cas, comme dans les cas précédents, aux époux à demander eux-mêmes l'autorisation à la justice.

Pour le paiement de quelles dettes l'aliénation peut-elle être permise? Parlons d'abord de celles de la femme. Pourvu que la dette ait date certaine antérieure au contrat de mariage, cela suffit, que l'immeuble en réponde ou non. Si l'immeuble garantit le paiement, on peut se demander à quoi bon l'autorisation de la justice. Cette autorisation peut avoir un effet avantageux pour les époux : celui de leur permettre de prévenir une saisie immobilière qui leur serait nuisible et honteuse.

Si au contraire on se place dans un cas où l'immeuble ne soit pas affecté à la dette, comme lorsqu'il a été constitué par un tiers (car il a cessé d'être aliénable dès qu'il a appartenu à la femme), c'est alors surtout que l'on comprendra toute l'utilité de la loi, puisque les créanciers sont dépourvus d'action. Le législateur a considéré comme moral que la femme qui se reconnait débitrice puisse s'acquitter avec l'autorisation et sous la protection de la justice.

C'est encore un motif de moralité et de convenance qui a décidé le législateur à permettre à la femme d'aliéner son immeuble dotal avec l'approbation de la justice pour payer les dettes du constituant antérieures au contrat de mariage, qui ne sont pas exécutoires sur cet immeuble. La loi respecte en la femme un sentiment de reconnaissance qui lui fait un devoir de sauver l'honneur de celui auquel elle doit une partie de sa fortune.

Si la dette a été contractée durant le mariage, l'autorisation ne peut être obtenue, on craindrait des fraudes à l'inaliénabilité. Si elle a été contractée dans l'intervalle qui s'écoule entre le contrat et le mariage, l'autorisation ne peut encore être obtenue, parce que la condition de la dot ne doit point changer dans cet intervalle, et tout doit être, quant à elle, comme si le mariage avait eu lieu en même temps que le contrat.

6° « De même, pour faire les grosses réparations indispensables pour la conservation de l'immeuble dotal. »

Dans le 3°, 4°, 5° et 6°, l'excédant du prix de vente sur les besoins reconnus restera dotal, et « il en sera fait emploi comme tel au profit de la femme. »

7° « Lorsque l'immeuble se trouve indivis avec des tiers et qu'il est reconnu impartageable. » Si l'immeuble est partageable, comme le partage est chez nous non pas attributif, mais déclaratif (art. 883), chacun pourra sans autorisation de justice demander à sortir de l'indivision. Lorsqu'il n'y a pas partage, au contraire, il y a véritable aliénation, et il faut que la justice reconnaisse que le partage est impossible.

Si la licitation est permise, deux situations peuvent se présenter : 1° la femme est adjudicataire; 2° elle ne l'est pas.

1° « La femme est adjudicataire. Est dotale la part seulement qui lui revenait primitivement dans l'immeuble; le surplus est paraphernal, parce que le *quantum* de la valeur dotale a été fixé par le contrat. »

2° « Elle n'est pas adjudicataire. Le prix qu'elle recevra comme équivalent de sa part dans l'immeuble licité sera dotal et « il en sera fait emploi comme tel au profit de la femme. »

8° « L'immeuble dotal peut être échangé, mais avec le

consentement de la femme contre un autre immeuble de même valeur pour les 4/5 au moins, en justifiant de l'utilité de l'échange, en obtenant l'autorisation de justice, et d'après une estimation par experts nommés d'office par le tribunal. Dans ce cas, l'immeuble reçu en échange sera dotal, l'excédant du prix s'il y en a le sera aussi, et il en sera fait emploi comme tel au profit de la femme (art. 1559). — De même que l'immeuble acquis ne doit pas être inférieur de plus de 1/5 à l'immeuble dotal, de même quelques auteurs décident que l'immeuble acquis ne doit pas être supérieur à l'immeuble dotal de plus de 1/5. Pour nous, nous pensons qu'il est de l'intérêt de la dot que l'immeuble échangé ne soit pas remplacé par plusieurs immeubles. Ce morcellement serait désavantageux, aussi la loi exige-t-elle que la soulte ne soit jamais de plus de 1/5 de cet immeuble. Mais si le fonds acquis vaut plus, il n'y a pas à considérer combien il vaut de plus. Le remplacement est fait alors pour tout et non divisément. N'est-ce pas le but le plus désirable que le remploi entier au moyen d'un seul immeuble? Et qu'importe que ce juste équivalent soit un immeuble isolé ou une partie d'un plus grand immeuble?

L'art. 1559 porte que l'échange pourra avoir lieu, « mais avec le consentement de la femme. » En effet, dans le cas d'échange d'immeubles et dans les cas mentionnés dans l'article 1558 qui ne touchent pas à l'administration, la femme doit pouvoir elle seule demander l'autorisation à la justice. Mais dans les cas qui se rattachent à la direction des affaires du ménage, comme pour les grosses réparations, le paiement des dettes, les besoins de la famille, etc..., le mari en sa qualité d'administrateur et d'usufruitier, peut demander et obtenir, même malgré la femme, l'autorisation de vendre. Toutefois, la femme est seule propriétaire et devra par conséquent être mise en cause.

§ 2. — Exceptions conventionnelles au principe de l'inaliénabilité.

Ces exceptions sont autorisées par l'art. 1557 : « L'immeuble dotal peut être aliéné lorsque l'aliénation en a été permise par le contrat de mariage. » L'aliénation consentie dans les termes du contrat de mariage peut être faite à l'amiable, en dehors de toute autorisation, c'est le contrat qui autorise.

Nous admettons que la faculté laissée aux parties par l'art. 1557 de convenir que l'immeuble dotal pourra être aliéné doit s'étendre également jusqu'à leur permettre de convenir qu'il pourra être hypothéqué. Nous traiterons cette question dans le paragraphe suivant. Mais *quid* quand le contrat de mariage dit que l'immeuble peut être *aliéné* sans ajouter qu'il peut aussi être *hypothéqué?* Nous pensons que l'hypothèque reste prohibée. Toute clause dérogatoire au droit commun doit être interprétée restrictivement; la règle est que l'immeuble dotal ne peut être ni aliéné, ni hypothéqué; or, le contrat ne parle que de l'aliénation, l'hypothèque n'est donc point retirée de la règle. Les parties ont dû s'expliquer, et nous devons entendre strictement leurs conventions à ce sujet, tout en n'exigeant pas que le mot *hypothèque* soit spécialement employé. Il serait mauvais d'étendre la permission à l'hypothèque, car telle peut n'avoir pas été l'intention des parties. En effet, l'hypothèque est souvent plus dangereuse que l'aliénation, parce qu'elle peut conduire à la vente forcée avec dépréciation considérable.

§ 3. — Questions se rapportant aux deux sortes d'exceptions.

Les articles 1555-56 et 58 autorisant l'aliénation dans les cas que nous avons énumérés, autorisent-ils implicitement l'hypothèque dans les mêmes cas? et l'art. 1557 qui permet la réserve par contrat de la faculté d'aliéner, permet-il aussi la réserve de la faculté d'hypothéquer? Nous répondons affirmativement à ces deux questions et nous allons donner nos raisons.

Les art. 1555 et 56 permettent à la femme de *donner* ses biens dotaux; *donner*, c'est-à-dire aliéner sans acquérir d'équivalent; *à fortiori* permettent-ils à la femme d'hypothéquer; car en définitive, hypothéquer est moins désastreux que donner. L'expression *donner* des articles 1555 et 1556 est, il est vrai, remplacée dans les articles 1557 et 58 par celle d'*aliéner;* mais n'est-il pas évident que ces deux derniers articles font partie de la même série d'exceptions et qu'ils sont conçus dans le même esprit? On doit consulter ici plutôt l'esprit que la lettre de la loi, et cet esprit nous conduit à étendre les mêmes prérogatives à ces quatre articles.

Peut-être nous reprochera-t-on d'avoir décidé que dans le contrat de mariage le mot aliénation ne comprend pas l'hypothèque, tandis que nous interprétons d'une façon générale le texte de l'art. 1557. Voici ce que nous avons à répondre :

Lorsqu'il s'agit de l'art. 1557, c'est à la loi qu'il faut demander son intention, elle la révèle par les art. 1555 et 56 qui sont si explicites. Quand il s'agit du contrat de mariage, nous sommes bien obligés de l'interpréter par l'intention manifestée par les parties dans l'acte en question. L'intention du législateur préside à ce que fait le législateur; mais, quant à ce que font les parties, c'est l'intention des parties qu'il faut consulter. La loi leur dit : vous avez la faculté de vous réserver ceci et cela; elles ne se réservent qu'une chose, et vous vous croyez obligé de dire qu'elles se les réservent toutes les deux, parce que le législateur leur permet de se les réserver l'une et l'autre? Le législateur fait connaître son vouloir, que les parties prennent la peine d'en faire autant, sinon expressément, du moins par les autres termes de l'acte.

Nous avons vu que l'excédant du prix en cas de vente, et la soulte en cas d'échange doivent être remployés. Ce remploi est une condition de la vente, la vente n'est valable que s'il est fait. Il est donc de l'intérêt de l'acheteur de ne payer qu'en s'assurant du remploi. C'est ainsi qu'il en est lorsque ces opérations proviennent d'exceptions légales.

Dans le cas d'exceptions conventionnelles, le remploi n'est dû qu'autant qu'il en a été convenu ainsi dans le contrat de mariage.

Le remploi doit être fait de la totalité du prix, y compris les pots de vin, ou de l'excédant du prix sur les dépenses. Donc, supposons un immeuble vendu 20,000 fr. et dont le total soit à remployer. Si la femme a des paraphernaux ou une dot mobilière, on achètera un immeuble de 20,000 francs, car les frais d'achat et le coût de l'acte seront pris sur les paraphernaux ou la dot mobilière. Mais si la femme n'a que sa dot immobilière, ces frais seront retenus sur le prix de vente, et il ne sera fait remploi que du surplus. La dot sera donc diminuée, il le faut bien; car enfin on ne peut pas exiger que ces frais, souvent énormes, soient pris sur les revenus nécessaires au ménage, et nous ne connaissons pas d'autre moyen de les payer que de les retenir sur le prix de la vente.

Nous avons presque toujours raisonné sur le droit commun de la dotalité, c'est-à-dire dans l'hypothèse où les parties n'auraient pas mis leur volonté expresse à la place de la volonté tacite que leur suppose la loi dès qu'elles ont adopté le régime dotal, conformément à l'art. 1392. Les contractants pourront à leur gré, en vertu de l'art. 1387, modifier le droit que nous venons d'exposer, mais sous les restrictions qu'apportent ce même art. 1387 et les trois suivants.

CHAPITRE V.

Imprescriptibilité du Fonds dotal.

Le fonds dotal, avons-nous vu, ne peut être aliéné; peu importe donc le mode d'aliénation, qu'il soit instantané comme la vente, ou lent comme la prescription. Cependant, le Code déclare le fonds dotal prescriptible dans certains cas; il s'attache, pour déterminer ces cas, non à la cause plus ou moins légitime de la possession, mais bien à la date de cette possession.

Avant de parler de ces cas, qui font réellement exception puisqu'ils dérogent à la corrélation qui existe entre l'inaliénabilité et l'imprescriptibilité, mentionnons la décision de l'art. 1561, qui reconnaît prescriptible l'immeuble dont l'aliénabilité a été convenue dans le contrat de mariage. Ce qui eût été exceptionnel, c'est que l'immeuble fût devenu imprescriptible, quand cependant il demeurait aliénable. Le projet de l'article était conçu dans ce sens, mais il fut rectifié sur la demande du Tribunat. En effet, à moins de raisons particulières comme il en existe pour les servitudes discontinues ou non apparentes (art. 691), ou pour les biens des mineurs (art. 2252), ce qui est aliénable doit être prescriptible, aussi l'art. 1561 dit-il : « Les immeubles dotaux non déclarés aliénables par le contrat de mariage, sont imprescriptibles.» Ainsi, la prescriptibilité existe si l'immeuble a été déclaré aliénable, mais il faut qu'il ait été déclaré tel d'une manière générale, car s'il était dit dans le contrat que l'immeuble sera aliénable *dans tel cas* ou *telle à condition*...., il n'y aurait plus à parler de la prescriptibilité parce que la prescription ne rentre pas dans l'aliénabilité convenue.

Passons aux véritables exceptions au principe de l'imprescriptibilité, c'est-à-dire aux cas de prescriptibilité qui ont lieu malgré l'inaliénabilité de l'immeuble.

1° Les immeubles dotaux inaliénables sont imprescriptibles pendant le mariage « à moins que la prescription n'ait commencé auparavant.» Pourquoi ? Cette disposition ne paraît-elle pas bizarre ? En effet, si une chose est imprescriptible durant un certain temps, cela veut dire qu'il ne peut y avoir durant ce temps de possession utile pour prescrire. Mais qu'importe l'époque à laquelle cette prescription a commencé? L'époque de sa naissance change-t-elle sa nature? La loi le pense, elle rend la dotalité préventive mais non interruptive de prescription. La possession étant antérieure au mariage, le tiers-possesseur est sans doute considéré par la loi comme ayant un droit acquis à la continuer. Et du reste, dit-on encore, si la prescription a commencé avant le mariage, on n'a pas à craindre qu'elle soit le résultat d'un concert tendant à éluder la prohibition d'aliéner, puisque le concert se reporterait à une époque où la femme ayant toute liberté d'aliéner, n'avait pas besoin d'employer pour cela des moyens détournés. Cela ne justifie rien du tout et n'est pas exact, car la prescription ayant commencé avant le mariage, qu'est-ce qui s'oppose à ce que le mari, la femme et le tiers-possesseur s'entendent frauduleusement pour laisser continuer cette prescription commencée? Nous ne pensons pas que la responsabilité que l'art. 1562 fait peser sur le mari au cas où il n'aurait pas interrompu une prescription qu'il pouvait interrompre soit suffisante pour empêcher ce résultat.

2° Les immeubles dotaux inaliénables deviennent prescriptibles après la séparation de biens, quel que soit l'époque à laquelle la prescription (ou plutôt la possession) a commencé (art. 1561).

Cette seconde exception n'existait pas dans le projet du Code; elle n'a été admise que sur la demande du Tribunat. L'imprescriptibilité, a dit le Tribunat, peut se justifier tant qu'il n'y a pas séparation de biens, parce qu'alors la femme n'ayant pas la faculté d'exercer les actions relatives à sa dot, ne peut interrompre la prescription. La négligence du mari pourrait donc entraîner la perte de la dot. Mais, dès qu'il y a séparation de biens, comme il dépend d'elle d'agir, elle ne doit s'en prendre qu'à elle-même de ne pas avoir interrompu la prescription.

Cette raison serait bonne si l'imprescriptibilité était fondée sur le principe *contra non valentem agere non currit prescriptio;* mais elle paraît être une conséquence de la *prohibition d'aliéner,* une sorte de sanction de cette prohibition. Cela étant, elle devrait durer autant que la prohibition elle-même, c'est-à-dire pendant tout la mariage.

Cette prescription pourra courir au profit du tiers auquel le mari seul aurait vendu l'immeuble dotal, avec clause de non-garantie et aux risques et périls de l'acheteur. Si le mari était garant de la vente, la prescription resterait suspendue pendant tout le mariage (art. 2256).

POSITIONS

DROIT ROMAIN.

I. — La loi Julia n'introduisit pas l'inaliénabilité des meubles.

II. — C'est la loi Julia *de adulteriis* qui s'occupait de l'inaliénabilité du fonds dotal, et c'est l'identité du but qui explique la réunion dans une même loi, de la matière de l'adultère et de celle de l'inaliénabilité du fonds dotal.

III. — La loi 22 au C. *ad S. C. Velleianum* doit s'appliquer à l'hypothèque.

IV. — La prohibition de la loi Julia s'applique non-seulement quand le mari est devenu *dominus ex jure quiritium* du fonds dotal, mais encore quand il l'a *in bonis*.

V. — Si le mari a acquis *à non domino* de bonne foi le fonds dotal, la prohibition de la loi Julia s'applique à la possession du mari.

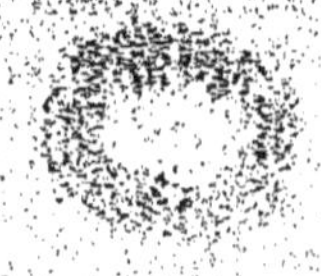

VI.— L'ascendant paternel de la femme qui a constitué la dot à la femme, et à qui doit revenir la dot quand la femme meurt *in matrimonio* ne peut pas inquiéter le tiers-acquéreur du fonds dotal.

VII.— Le mari est propriétaire de la dot, la femme ne l'est pas.

DROIT FRANÇAIS.

I.— La dotalité est du statut personnel.

II.— La vente du fonds dotal par le mari est radicalement nulle, l'action qui en résulte est une action en revendication, et la prescription est acquisitive.

III. — Le mari avant la séparation de biens et la femme ensuite ont la disposition des revenus des biens dotaux.

IV. — Si la femme elle-même s'est constitué en dot individuellement et sans fraude un immeuble non hypothéqué, les créanciers chirographaires, dont le titre a date certaine antérieure au contrat de mariage, peuvent *durante matrimonio*, faire exproprier la nue-propriété de l'immeuble dotal.

V.— Les créanciers qui ont le droit de saisir le fonds dotal doivent mettre la femme en cause.

VI. — La dot mobilière est aliénable, mais par la femme seulement (en dehors des cas d'administration).

VII. — Le mari ne peut compenser ce qu'il doit avec ce qui est dû à la femme.

VIII. — L'art. 1557 permet de stipuler la faculté d'hypothéquer le fonds dotal.

IX. — La réserve par contrat de la faculté d'aliéner ne comprend pas la réserve de la faculté d'hypothéquer.

DROIT ADMINISTRATIF.

I. — La juridiction de droit commun appartient aux Ministres.

II. — Le Conseil de préfecture est compétent, non-seulement quand il s'agit de dommages *temporaires* provenant du fait personnel des entrepreneurs, ou du fait de l'administration, mais encore lorsqu'il s'agit de dommages *permanents*, provenant des mêmes causes.

III. — Lorsque l'exécution d'un travail public cause un dommage direct et matériel, et donne en même temps une plus-value à la propriété, on peut établir une compensation totale.

IV. — Même depuis la loi de 1842, le Conseil d'Etat, en appel, peut réduire le chiffre de l'amende prononcée par le Conseil de préfecture, et même l'abaisser jusqu'au taux des amendes de simple police.

V. — La propriété des cours d'eau non navigables et non flottables n'est à personne.

DROIT COMMERCIAL.

I. — Le porteur est propriétaire de la provision.

II. — L'endossement irrégulier relativement aux tiers est une procuration ; mais les parties pourront prouver contre la présomption de l'art. 138 du Code de commerce, qu'il s'agit d'une véritable cession, malgré l'irrégularité de l'endossement.

III. — On peut transmettre par voie d'endossement une hypothèque qui garantit une créance à ordre.

DROIT PÉNAL.

I. — La personne acquittée en cour d'assises ne peut être traduite en police correctionnelle à raison du même fait.

II. — Le pardon que le mari accorde à la femme accusée d'adultère arrête les poursuites commencées contre le complice.

III. — Toutes les causes d'aggravation ou d'atténuation affectant la criminalité même du fait, étendent leur influence sur le complice, sauf l'application de l'art. 463 du Code pénal.

Permis d'imprimer :

Le Recteur,

L. MONTY.

Vu :

Le Doyen, Président de la Thèse,

SERRIGNY.

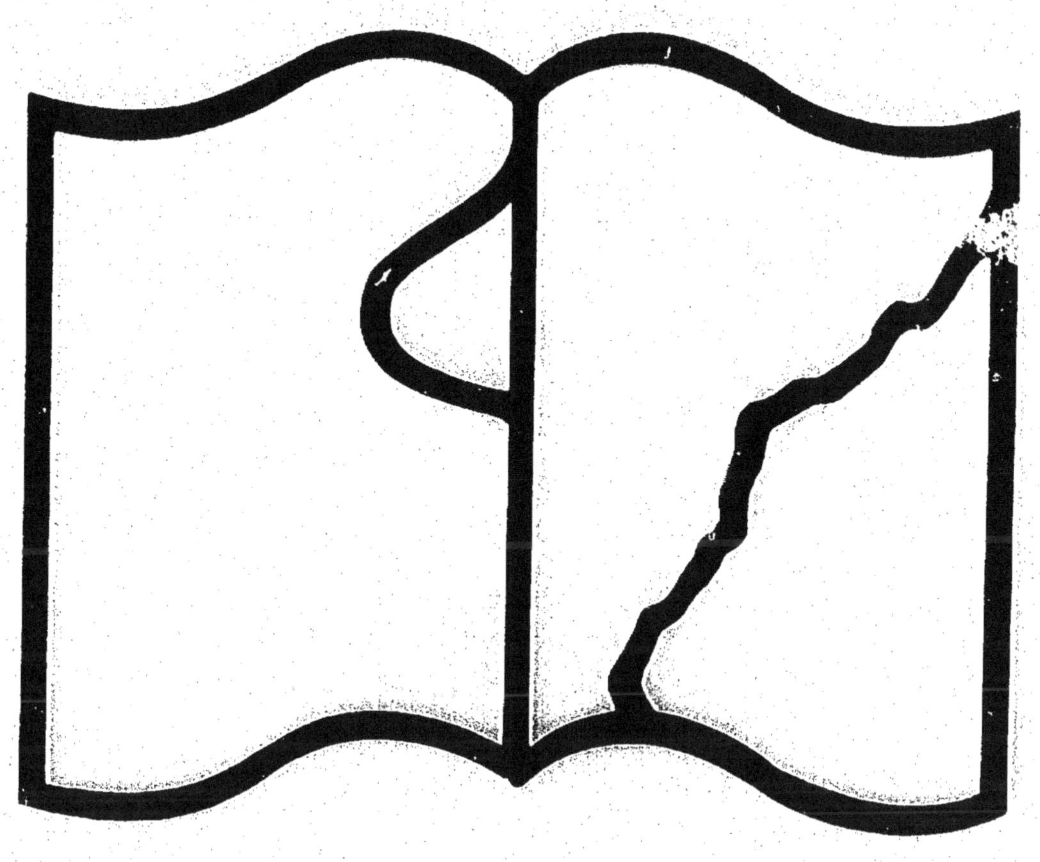

Texte détérioré — reliure défectueuse

NF Z 43-120-11

www.ingramcontent.com/pod-product-compliance
Lightning Source LLC
Chambersburg PA
CBHW071517200326
41519CB00019B/5972
* 9 7 8 2 0 1 1 2 5 9 3 3 2 *